Donau

Taborstraße 33

Beethovenplatz 1

Siegfried Loewe in Wien

Schönburgstraße 6/8, 4. Bezirk
Adresse der Familie Loewe in
den 1950er-Jahren

Taborstraße 33, 2. Bezirk
Adresse der Familie Loewe bei der
Ankunft in Wien nach dem Krieg

Lerchenfelderstraße 44, 8. Bezirk
„Arisierte" Wohnung von
Alfred Loewe

Mariahilfer Straße 82, 7. Bezirk
„Arisierte" Klavierfabrik von
Alfred Loewe

Hofstattgasse 23/10, 18. Bezirk
Letzte Wohnung der Familie Loewe

Lederergasse 22, 8. Bezirk
Klaviergeschäft von Alfred Loewe
nach dem Krieg

Beethovenplatz 1, 1. Bezirk
Akademisches Gymnasium,
Schule von Siegfried Loewe

Rudolf Leo

VERSTECKT UND VERSCHWIEGEN

Rudolf Leo

Versteckt und verschwiegen

Erinnerungen von Siegfried Loewe

OTTO MÜLLER VERLAG

Zlata und Chaim Grossmann gewidmet.

Die Drucklegung dieses Buches wurde gefördert durch die
Kulturabteilungen von Stadt und Land Salzburg sowie Wien.

www.omvs.at

ISBN 978-3-7013-1301-3

INHALT

7

PERSONENREGISTER

Barrios Susanne, geb. Loewe, * 29.05.1978 (Wien), Gerichtsdolmetscherin, Tochter von Siegfried Loewe

Czurda Birgit Maria, * 09.02.1943 (Wien), Bibliothekarin, erste Frau von Siegfried Loewe, † 21.02.2006

Czurda Otto, * 04.06.1915 (Wien), Arzt, erster Schwiegervater von Siegfried Loewe

Faux Carole, * 10.04.1960 (Beaugency, Frankreich), zweite Frau von Siegfried Loewe, ⚭ 07.12.1989

Geulen-Herscovici Andrée, * 06.09.1921 (Brüssel), † 31.05.2022, belgische Lehrerin, Judenretterin und „Gerechte unter den Völkern". Sie half mit, das Leben von fast 3.000 jüdischen Kindern und Jugendlichen zu retten.

Grossmann Harry, * 28.12.1931 (Saarbrücken), † Juni 2019 in Brüssel, Geschäftsführer, Bruder von Siegfried Loewe,

Grossmann Chaim (Hermann), * 24.04.1895 in Mlava/Mlawa (Bezirk Pltozk, heutiges Polen), Vater von Siegfried Loewe, am 31.10.1942 in das KZ Auschwitz deportiert und dort ermordet

Grossmann Max, * 22.06.1939, † 25.07.1939 (Brüssel), Zwillingsbruder von Siegfried Loewe

Grossmann Zlata (Lotte), geb. Messinger, * 26.03.1903 Wiśnicz (Galizien), Mutter von Siegfried Loewe, am 20.10.1943 in das KZ Auschwitz deportiert und dort ermordet

Loewe Alfred, * 07.07.1903 (Wien), † 1996, Adoptivvater von Siegfried Loewe. Alfred Loewe und seine Frau sind im Familiengrab Teich in Hütteldorf bestattet. Das sehr gepflegte Grab wurde und wird von Siegfried Loewe regelmäßig besucht und betreut.

Loewe Christian, * 29.03.1971 (Wien), Röntgenologe, Sohn von Siegfried Loewe

Loewe Ernestine, geb. Schwarz, * 02.11.1877 Wien, † 29.11.1941 (ermordet im KZ Kaunas, Litauen), Mutter von Alfred Loewe

Loewe Hedwig, * 18.10.1906 (Wien), † 1999, Adoptivmutter von Siegfried Loewe. Hedwig Loewe ist im Familiengrab Teich (Eltern von Hedwig) in Hütteldorf bestattet.

Loewe Robert, * 23.04.1968 (Wien), Dermatologe, Sohn von Siegfried Loewe

Schiller Friedrich, * 17.07.1899, † 04.03.1959, Kaufmann, Halbbruder von Alfred Loewe

Schwarz Rebecca, geb. Grossmann, * 09.10.1941 (Brüssel), Schwester von Siegfried Loewe

VORWORT DES AUTORS

Ich saß gerade in meiner Linzer Wohnung, als das Telefon klingelte. Es war im März 2020. Siegfried Loewe aus Wien war am Apparat. Er erzählte mir, dass er sehr, sehr lange überlegt habe, aber jetzt, da er 80 Jahre alt geworden war, über sein Leben, seine Kindheit und seine Familie berichten wolle. Auch seine Kinder und Enkelkinder sollten die Geschichte erfahren.

Jahrzehntelang hat er geschwiegen. Vor sich, seiner Familie, seinen Kollegen und seinen Freunden. Nun war er so weit, zu erzählen. Eine gemeinsame Freundin hat uns zusammengebracht. Siegfried Loewe möchte reden und er möchte, dass es aufgeschrieben wird. Wir vereinbarten ein erstes Treffen, um uns kennenzulernen. Wir wissen, es gibt keine Zufälle: Bald stellt sich heraus, dass wir in Wien fast Nachbarn sind und dasselbe Lieblingskaffeehaus haben. Ab nun sollten wir monatelang – mit pandemie- und ferienbedingten Unterbrechungen – jeden Donnerstag pünktlich um 10 Uhr in meiner oder seiner Wohnung zusammentreffen. Ein Tonband nahm das Erzählte auf. Und jeder Donnerstag brachte neue Überraschungen. So wurde das Leben von Siegfried Loewe langsam auch Teil meines Lebens.

VORWORT SIEGFRIED LOEWE

Lange, sehr lange habe ich gezögert, meine Lebensgeschichte aufzuzeichnen. Ist diese Vita wirklich von Interesse? Jedes Mal, wenn ich interessierten Menschen einige Andeutungen machte, riet man mir zur Niederschrift („das ist ja wie ein Roman"). Ich habe aber auch erleben müssen, dass bei manchen meiner Gesprächspartner das Interesse nach wenigen Sätzen nachließ und das Thema gewechselt werden musste. Mir wurde wiederholt das Wort abgeschnitten mit einem knappen „das haben wir alle erlebt", was mich jeweils entmutigte und meine Zweifel verstärkte. Auch die Frage, die ich mir selbst oft gestellt habe, ob ich, der ich nie in einem KZ war, eigentlich als Zeitzeuge gelten könne, hat meine Zweifel genährt und mein Schweigen noch vertieft. Das Schweigen war (und diese Tatsache ist vielfach thematisiert worden) das konstante Verhaltensmuster der Nachkriegsgeneration, sowohl auf der Täter- wie auf der Opferseite. In diesem Zusammenhang kann ich auf einen prominenten Zeugen verweisen, der wie ich in Belgien als „verstecktes Kind" überlebt hat; es handelt sich um den 1932 geborenen François Englert, dem 2013 der Nobelpreis für Physik verliehen wurde und der erst nach dieser Verleihung und nach 71 Jahren sein Schweigen gebrochen hat. In seinem ersten Interview nach der Zuerkennung des Nobelpreises erklärte er: „Lange Zeit hindurch habe ich geschwiegen. Wenn man mich bat, über jene Vergangenheit zu sprechen, sagte ich, die Zeit dafür sei noch nicht reif. Ich habe mich über den Lebenslauf anderer Kinder erkundigt, die wie ich während des Krieges versteckt worden waren. Es ist schwierig, zu erklären. Aber es ist gewiss eine Tatsache, dass ich kein Einzelfall bin, der wenig über das Vergangene gesprochen hat. Es handelt sich zweifellos um eine Abwehrhaltung."

Einen großen Anteil an meiner persönlichen Entscheidung, meine Geschichte spät, aber doch aufzuzeichnen, trägt Margot Ham-Rubisch, eine liebe Freundin, die mich wiederholt zur Niederschrift ermuntert und letztlich den entscheidenden Anstoß gegeben hat, indem sie die Verbindung mit dem Zeithistoriker Rudolf Leo, dem ich zu großem Dank verpflichtet bin, ermöglicht und hergestellt hat. Mit Rudolf Leo haben wir eine Art Doppelregie vereinbart: Er hat meine Erzählungen und Erlebnisse gleichsam „objektiv" mit dem Blick des Historikers nach historischen Kriterien aufgearbeitet, hat in verschiedenen Archiven recherchiert, hat neue Fakten zusammengetragen, die meine eigenen amateurhaft und spät unternommenen Recherchen maßgeblich erweitert haben. Ich selbst versuche, anhand meiner Unterlagen, der vorhandenen Dokumente und meiner Erinnerungen meine Lebensgeschichte aus rein persönlicher und subjektiver Sicht darzustellen. Diese Arbeitsweise führt zwangsläufig zu vereinzelter Zweigleisigkeit und unvermeidlichen Wiederholungen, die wir jedoch bewusst in Kauf genommen haben.

Meine Lebensgeschichte, die auch eine Familiengeschichte ist, zeigt meines Erachtens zum Teil schwer verkraftbare Wirrnisse als Folge traumatisierender Schicksalsschläge. Ich möchte hoffen, dass diese Niederschrift einen kleinen und bescheidenen Beitrag zum Nicht-Vergessen einer denkbar dunklen Periode leistet und dass meine Nachkommen, Enkel und Urenkel vielleicht erfahren wollen, wo der eigentliche Ursprung eines Teils ihrer Familie liegt.

I. BRÜSSEL, JUNI 1939

Die Zwillingsbrüder Max und Siegfried wurden am 22. Juni 1939 in Brüssel geboren. Max überlebte nur wenige Wochen und starb am 25. Juli 1939 an Scharlach. Gemeinsam mit seiner zwei Jahre jüngeren Schwester Rebecca, geboren am 9. Oktober 1941, verbrachte Siegfried die ersten Jahre in Belgien. Sein älterer Bruder Harry war am 28. Dezember 1931 in Saarbrücken geboren worden.

Nach dem Einmarsch der Nationalsozialisten in Belgien am 10. Mai 1940 war das Leben dieser jüdischen Kinder in höchster Gefahr. Sie überlebten, weil sie von belgischen Widerstandskämpfern im Untergrund versteckt wurden. Der damals elfjährige Harry verbrachte die Kriegsjahre an einem unbekannten Ort in Belgien. Sein Bruder Siegfried vermutet, dass er in einer Strafanstalt interniert wurde und dort schlimme Dinge erlebt hat. Harry konnte oder wollte nie über diese Jahre reden. Nach dem Krieg kam er in ein

Hedwig Loewe, Rebecca und Siegfried am Strand der belgischen Küste, 1946
© Privat

Jugendlager. Siegfried und Rebecca verbrachten die Kinderjahre versteckt unter den falschen Namen Pierre und Annie Legros. Die Mutter hatte darum gebeten, die beiden jüngeren Geschwister nicht zu trennen. Vom Dezember 1942 bis zum Jänner 1945 wurden der damals dreijährige Siegfried und die einjährige Rebecca bei Familie Yves in der Rue de la Probité 25 in Ixelles in Brüssel versteckt.

Siegfried und Rebecca am Strand der belgischen Küste, 1946 © Privat

Ja, ich kam am 22. Juni 1939, einem Samstag, im Brüsseler Spital Saint-Pierre auf die Welt, eine Stunde nach meinem Zwillingsbruder Max. Aus den Unterlagen, über die ich verfüge, glaube ich schließen zu können, dass die Geburt nicht ganz problemlos ablief und es in weiterer Folge zu Komplikationen kam. Meine Mutter wurde am 22. Juni für die Entbindung ins Spital eingeliefert, aber erst am 3. Juli entlassen. Am 14. Juli kam sie neuerlich ins Spital und konnte das Krankenhaus erst am 6. August verlassen. Ich selbst war vom 7. September bis zum 12. September im Spital Brugmann, dann vom 27. November bis 19. Dezember 1941 wieder im Spital Saint-Pierre. In der Zwischenzeit war mein Bruder Max am 25. Juli 1939 an Scharlach verstorben. Alle diese Fakten sind Hinweise auf einen zumindest fragilen Gesundheitszustand, was wohl auch auf meine Schwester Rebecca zutraf, die nur zwei Monate nach ihrer Geburt ebenfalls mehrere Wochen lang im Spital behandelt werden musste. Ich habe anlässlich eines Brüssel-Aufenthalts versucht, aus dem Archiv des Spitals genauere Informationen hinsichtlich dieser Aufenthalte zu erhalten, wurde aber von der Direktion auf den juristisch einzuschlagenden Weg verwiesen, nämlich einen Antrag bei der Staatsanwaltschaft (Procureur du Roi) einzubringen, was mir wegen der Kürze meiner Besuche in Brüssel nicht möglich war. Aus dem Saint-Pierre-Spital besitze ich jedoch eine Ambulanzkarte, die meine Mutter bei sich hatte, als sie, wahrscheinlich auf dem Rückweg von einem Spitalsbesuch, aufgegriffen und interniert wurde. Aus dieser Karte geht eindeutig hervor, dass sie in physiotherapeutischer Behandlung war.

Während ich viele Dokumente zu meiner und meiner Schwester Person besitze, kann ich über die Art und Weise, wie mein älterer Bruder Harry diese Zeit überstanden hat, wenig sagen. Er hat sich in ein nicht zu durchbrechendes Schweigen gehüllt und dieses bis zu seinem Ableben durchgehalten. Rebecca und ich wurden jedenfalls zu „versteckten Kindern": Unter falschen Namen – Pierre und Annie Legros – waren wir vom 11. Dezember 1942 bis 1. Jänner 1945 bei Monsieur Yves untergebracht und versteckt. Anschließend kamen wir in ein Waisenheim. Aus jenen Kindertagen habe ich nur wenige Erinnerungen, vergleichbar mit Puzzleteilen, die ich nicht zusammensetzen kann, weil sie niemand für mich zusammengesetzt hat. Eine dieser seltenen Erinnerungen berührt eine Autofahrt, bei der ich vom Fahrer angehalten wurde, mich schnell klein zu machen, mich zu ducken, um von einer deutschen Patrouille, die der Fahrer wahrgenommen hatte, nicht gesehen zu werden. Oder an einen Spitalsbesuch einer alten Dame (wer war sie?), bei dem viele Familienmitglieder anwesend waren. Präziser ist die Erinnerung an eine Warnung vor einem Bombenangriff und das weite Öffnen aller Türen und Fenster. Deutlich auch ist die Erinnerung an einen sonnigen Septembertag, an dem sehr viele Menschen auf den Straßen waren und ihre Freude, ihre Begeisterung, ihre Erleichterung richtiggehend hinausschrien. Es wurden Fahnen geschwenkt, Zeitungen angeboten, die in riesigen Lettern den Sieg verkündeten und den Verkäufern geradezu aus den Händen gerissen wurden. Es war in der Tat der Tag der Befreiung. Auch wenn ich nur wenige Erinnerungen an die bei Monsieur Yves verbrachte Zeit habe, so habe ich zumindest keine schlechten. Jedenfalls bedaure ich zutiefst, dass ich infolge der Übersiedlung nach Österreich keinen Kontakt mit ihm aufrechterhalten und ihn oder seine Kinder (hatte er welche?) während meiner späteren Besuche in Belgien nicht aufgesucht habe. Meine Schwester und ich verließen die Familie Yves nach über zwei Jahren offiziell am 1. Jänner 1945 (für Belgien war der Krieg im Winter 1944/45 vorbei) und kamen in das Waisenheim Hôme des enfants israélites in Uccle, Rue Victor Allard 173. Unser Aufenthalt in diesem Heim, das sicherlich großes Ansehen genoss, was schon der Besuch der belgischen Königin dokumentiert, endete am 9. Oktober 1946, als wir an diesem Tag den Eheleuten Loewe anvertraut wurden. Alle diese Daten sind fremdenpolizeilich registriert. In der Retrospektive erscheint mir die im Heim verbrachte Zeit als eine ruhige, unbeschwerte, liebevoll umsorgte Phase, weil das Heim die Atmosphäre eines echten Zuhauses vermittelte. Auch hier war mit unserer Ausreise jeder Kontakt definitiv abgebrochen. Sowohl die Unterbringung als „versteckte Kinder" bei Familie Yves wie auch die unmittelbar darauffolgende Aufnahme in ein Waisenheim zeigen deutlich, in welchem Ausmaß sich die belgischen Behörden und Organisationen um das Wohl der überlebenden jüdischen Kinder gesorgt haben.

In guter Erinnerung bleibt der Besuch der belgischen Königin Elisabeth im Frühjahr 1946 im Kinderheim, bei dem Siegfried ein Gedicht vortragen und Rebecca einen Blumenstrauß überreichen durfte. Das Heim in einem Vorort von Brüssel war ein gutes Haus. Die Kinder wurden sehr gut behandelt, der große Schlafsaal, die Ausflüge ans Meer, das Lachen der Kinder und die Leiterin, Tante Bronia („eine Seele von einer Frau"), sind Siegfried noch Jahrzehnte später in bester Erinnerung. Fotos aus diesen Tagen zeigen die Kinder glücklich am Strand der belgischen Küste. Eines der Bilder dokumentiert Siegfried, wie er mit einem Pferdewagen, ein Geschenk der Königin Elisabeth, spielend am Boden sitzt, rundum Kinder, die dem Buben begehrliche Blicke zuwerfen.

Siegfried mit Pferdewagen, ein Geschenk der belgischen Königin, 1946
© Privat

Königin Elisabeth, Herzogin von Bayern, war die Gattin des belgischen Königs Albert I. und Mutter von Leopold III. Zeit ihres Lebens war sie eine sozial engagierte und karitativ tätige Persönlichkeit, die in der Bevölkerung extrem viel Sympathie genoss. Im Ersten Weltkrieg manifestierte sie ihr soziales Engagement durch die effiziente Unterstützung von Kriegs-opfern, Witwen und Waisen und die Mithilfe bei der medizi-nischen Versorgung. Sie war eine entschiedene Gegnerin des Nationalsozialismus, für ihr Eintreten zur Rettung von Juden, insbesondere von jüdischen Kindern, wurde sie 1965 als „Gerechte unter den Völkern" geehrt.

Neben ihrem allseits bewunderten sozialen Engagement darf ihr unermüdlicher Einsatz für alle Bereiche der Kunst – Musik, Malerei, Literatur, Architektur – nicht unerwähnt bleiben. 1937 rief sie einen Musikwettbewerb ins Leben, der zuerst nach ihrem bewunderten Geigenlehrer und Virtuosen Eugène Ysaÿe, später nach ihr benannt wurde, den Con-cours Musical Reine Elisabeth, dessen erster Preisträger David Oistrach war und der bis heute abwechselnd junge Pianisten und Geiger prämiert. Meine Bewunderung für diese Frau ist bis heute anhaltend und grenzenlos. Nach ihrem Besuch im Kinderheim sandte ihr Sekretariat am 7. Mai 1946 Geschenke für mich und meine Schwester, einen Speditionswagen und eine Puppe, die heute noch in meinem Besitz sind.

Im vom Sekretariat der Königin an die Leiterin des Kinder-heims adressierten Schreiben wird mein Name mit „Freddy" angeführt, was mich zu einer Reflexion über die Namensge-bung durch meine Eltern gebracht hat. Und da stieß ich auf die Historiker Michael Wolffsohn und Thomas Brechenmacher, die in ihrem 2008 gemeinsam publizierten Buch Deutschland, jüdisch Heimatland *die Vergabe von Vornamen in jüdischen*

Rebecca mit ihrer Puppe, ein Geschenk der belgischen Königin, 1946
© Privat

Familien analysiert haben. Ihre Schlussfolgerung: „Der Name Siegfried stand zwischen 1860 und 1938 auf der Hitliste der zehn beliebtesten Vornamen unter Juden in Deutschland." In der Tat nimmt dieser Vorname den siebenten Platz ein. Und weiter: „Bis 1938 waren die beliebtesten Vornamen für jüdische Jungen: Max, Julius, Hermann und Alfred." Diese Prioritätenliste erklärt meinen Namen, jenen von Max, aber auch jene meines Vaters (Hermann) und meines Adoptivvaters (Alfred).

Ich war immer der Meinung, dass mein langjähriger Rufname Fredy (Freddy) auf meine Adoptiveltern zurückzuführen sei, in Wirklichkeit hat offensichtlich schon das Kinderheim meinen jüdischen Vornamen „entdeutschen" wollen. Ebenso dürfte es beim Vornamen meiner Schwester gelaufen sein, die von Rebecca zu Peggy wurde, ohne dass wir je erfahren haben, was genau zu diesen Umbenennungen geführt hat, da wir ja offiziell weiterhin unsere ursprünglichen Vornamen getragen haben.

Es gibt einen weiteren Bezug zu Königin Elisabeth, nämlich einen an sie gerichteten Brief meines Vaters, den er von einem öffentlichen Schreiber redigieren ließ und der an das Königsschloss Laeken adressiert ist und von dort an das Justizministerium weitergeleitet wurde (Eingangsstempel 11. August 1939). Der Brief muss unmittelbar nach meiner Geburt verfasst worden sein, weil die Zwillinge erwähnt werden ebenso wie der fragile Gesundheitszustand meiner Mutter, die noch einen chirurgischen Eingriff vor sich hatte. Darüber hinaus verweist das Schreiben auf die ablaufenden Aufenthaltsgenehmigungen (die Juden in Belgien mussten diese regelmäßig erneuern) – 30. Juni 1939 für meine Mutter, 31. August für meinen Vater. Inständig wird um Intervention bei den zuständigen Behörden gebeten, um die erzwungene Ausreise zu verhindern. In der Tat wurden in der Folge die erforderlichen behördlichen Verlängerungen erteilt.

Siegfried, Harry und Rebecca ca. 1945
© *Privat*

II. SAARBRÜCKEN, 1808 BIS 1942

Im Jahr 1808 lebten 61 jüdische Einwohner in Saarbrücken. In den nachfolgenden Jahrzehnten, nach dem Aufschwung Saarbrückens als Zentrum der Kohle- und Stahlindustrie, kamen weitere jüdische Familien in die Stadt an der Saar. Hundert Jahre später, 1910, zählte die Stadt bereits 1.103 jüdische Einwohner, die offene Läden, Lokale und Handelsgeschäfte betrieben. Später kamen jüdische Arztpraxen, Apotheken und Rechtsanwaltskanzleien hinzu. Eine Synagoge und eine jüdische Schule prägten das Bild der jüdischen Gemeinde der Stadt, welche auch Sitz eines Rabbinats wurde. 1925 zählte die Gemeinde bereits 2.200 jüdische Personen. Juden waren ab 1932 im Gemeinderat vertreten, jüdische Vereine und Wohlfahrtseinrichtungen kümmerten sich um das soziale Leben. Ab 1933, nach der Machtübernahme durch die Nationalsozialisten, änderte sich das Leben der jüdischen Gemeinde schlagartig. Am Anfang standen Boykottmaßnahmen gegen jüdische Geschäfte. Die antisemitische Stimmung in der Stadt führte dazu, dass die ersten Juden und Jüdinnen in das Ausland flüchteten. Im Zuge des Novemberpogroms 1938 wurde die Synagoge niedergebrannt, Geschäfte geplündert und jüdische Bürger festgenommen. Jüdische Männer wurden durch die Straßen gezerrt und misshandelt, der Großteil von ihnen anschließend in das Konzentrationslager Dachau deportiert.[1]

Der damals 43-jährige Kaufmann Chaim Grossmann, geboren am 24. April 1895 in Mlava, dem damals russischen Teil Polens, lebte seit den 1920er-Jahren in Darmstadt. Ende der 1920er-Jahre übersiedelte er nach Luxemburg. Anfang der 1930er-Jahre kehrte Grossmann nach Deutschland zurück und etablierte sich in Saarbrücken, wo er seine Frau Zlata

(Messinger), geboren am 26. März 1903 in Wiśnicz, kennenlernte. Am 8. Jänner 1931 heirateten Zlata und Chaim, und am 28. Dezember 1931 wurde der erste Sohn der Familie, Harry, geboren.

Im Jahr 1939 flüchteten Chaim und Zlata Grossmann mit Sohn Harry vor den Nationalsozialisten nach Brüssel. Chaim Grossmann wurde schon kurze Zeit später zum Arbeitsdienst eingezogen und musste in Nordfrankreich für die Organisation Todt[2] Zwangsarbeit verrichten. Über unbekannte Wege gelangte er wieder nach Brüssel zurück, wo 1941 Tochter Rebecca geboren wurde.

Zlata Grossmann mit Sohn Harry, ca. 1937 © Privat

Im Dezember 1942 musste Zlata Grossmann die schwerste Entscheidung ihres Lebens treffen: Aus Angst vor einer Deportation in ein KZ musste sie ihre Kinder fremden Menschen übergeben, nicht wissend, was mit den Kindern geschehen, wie ihre eigene Zukunft und die der Kinder aussehen würde. Unklar, ob sie oder die Kinder den Krieg überleben, unsicher, ob sie ihre Kinder jemals wiedersehen würde. Sie musste darauf vertrauen, dass sich jemand um die Kinder kümmern und sie vor dem sicheren Tod in einem der zahlreichen Vernichtungslager der Nationalsozialisten bewahren würde. Die Kinder mussten unter einem falschen Namen versteckt werden.

Für mich stellt die Trennung von den Kindern und deren Übergabe an fremde Personen das allergrößte Opfer dar, das eine Mutter bringen kann. Die Ungewissheit über das weitere Schicksal der Kinder, die Konfrontation mit der plötzlichen Einsamkeit, die quälenden Fragen und Sorgen sind die traurigen Begleitumstände einer Opferbereitschaft, die letztlich das Überleben von uns Kindern gesichert hat.

Meine Mutter Zlata hatte sechs Geschwister, die alle in Wiśnicz, einer Kleinstadt in Galizien, dem damals österreichischen Teil Polens, geboren wurden. Meine Recherchen im standesamtlichen Register von Bochnia ergaben folgende Reihung:

Frymet Goldwasser, geb. 28. August 1890
Chaja Sara Goldwasser, geb. 22. Oktober 1892
Chawa Reizel Goldwasser, geb. 7. Jänner 1895
Jozef Messinger, geb. 2. Februar 1898
Moses Messinger, geb. 14. September 1900
Zlata Messinger, geb. 26. März 1903
Salomon Messinger, geb. 27. Juli 1905

Im Geburtenregister sind alle als unehelich angeführt, weil die damalige österreichische Gesetzgebung die vor einem Rabbiner geschlossenen Ehen nicht anerkannte, erst 1915 sind diese legitimiert worden. Meine Mutter, ihr Bruder Jozef und seine Frau Jenna – geborene Spatz – wurden im selben Transport gemeinsam aus Belgien deportiert. Über das Schicksal ihrer Geschwister konnte ich ebenfalls Aufschlussreiches eruieren, was die weite Verzweigung der Familie dokumentiert. Frymet Goldwasser hatte vier Kinder, Selma, Zvi und Eli, die ich alle kennengelernt habe, der dritte Sohn war unter einem deutschen Namen nach London gegangen. Moses hatte ebenfalls seinen Namen auf Max geändert und war mit seinen drei Kindern nach Groningen in Holland gezogen, wo sich 1942 seine Spur verliert. Chaja Sara Goldwasser, die, wie einige ihrer Familienmitglieder, in den frühen 1930er-Jahren nach Palästina gegangen war, suchte ich im Jahre 1963 in Tel Aviv als meine Tante Eva Rubinstein auf. Während dieses Aufenthalts in Israel, wo ich drei Monate in zwei Kibuzzim (Haogen und Nir David) verbracht und ge arbeitet habe, machte ich mit meiner inzwischen verstorbenen Tante und mit etlichen Cousins und Cousinen Bekanntschaft. Niemand von ihnen hatte je Nachforschungen über meine Geschwister und mich angestellt, weil sie überzeugt waren, dass niemand von uns überlebt hatte.

Diese familiäre Genealogie kann ich noch erweitern. Die Eltern dieser Geschwister, also meine Großeltern mütterlicherseits, waren Sisie (Sische) Messinger, geb. 2. Dezember 1862 in Wiśnicz, und Tabel Goldwasser, geb. 1868 in Chraznow, Tochter von Hirscha und Feigl Goldwasser aus Chraznow.

Nicht so präzise ist die Genealogie meines Vaters, denn ich konnte nur bruchstückhafte Informationen über die Vorgeneration erhalten, weil das Archiv von Mlawa im ehemals russischen Teil Polens vielleicht nicht mit der gleichen Genauigkeit geführt wurde wie jenes von Bochnia. Es ist mir jedoch wichtig, auch diese Namen anzuführen, um sie der Vergessenheit zu entreißen und – wie es der ehemalige Wiener Oberrabbiner Paul Chaim Eisenberg im Totenbuch Theresienstadt (Ausgabe 1987) formuliert hat – die Namen als Ersatz für nicht vorhandene Grabsteine zu setzen.

Die Eltern meines Vaters Chaim, also meine Großeltern väterlicherseits, waren Mendel Grossmann, geb. 1863, und Reisel (Razla) Grob, die 1882 geheiratet hatten. Wie viele Geschwister mein Vater hatte, lässt sich nicht genau sagen. Die mir aus Mlawa zugesandte Liste enthält elf Grossmann, die zwischen 1881 und 1900 zur Welt gekommen sind:

Abram Nachman (1881)   *Boruch (1895)*
Mordka (1887)   *Chaim (1895)*
Chaskel (1887)   *Sura-Esstera (1898)*
Izrael-Icek (1889)   *Chawa (1900)*
Gersz (1891)   *Aron Mordka (1900)*
Nachman (1894)

Da Grossmann ein relativ häufiger Name war, könnte es sein, dass nicht alle Personen der Liste Geschwister waren. Dreimal (1887, 1895 und 1899) sind zwei Kinder im gleichen Jahr geboren worden, was eher unwahrscheinlich ist, es sei denn, dass Zwillinge darunter waren; auch die Namenswiederholung Abram Nachman (1881) und Nachman (1884) spricht nicht gerade für Geschwister, aber das Register in Mlawa führt alle Namen tatsächlich als Geschwister an, also als meine Tanten und Onkeln.

Zlata Grossmann,
1942 © Privat

Chaim Grossmann,
undatiert © Privat

III. WIEN, 1930ER-JAHRE

Alfred Loewe kam am 7. Juli 1903 in Wien zur Welt. Er war der Sohn des Isidor Loewe und der Ernestine, geborene Schwarz.[3] Seine spätere Frau Hedwig wurde am 18. Oktober 1906 ebenfalls in Wien geboren, als Tochter von Leopold Heinrich Teich und Melanie, geborene Beywinkler.[4] Die Heirat fand am 8. Juni 1930 statt. Das Trauungszeugnis wurde ausgestellt vom Rabbinat der Israelitischen Kultusgemeinde in Wien für die Bezirke Wien-Margareten. Wie sich im Laufe der Jahre erweisen sollte, hatte Hedwig wenig Sympathie für das Judentum. Jedenfalls führten die gelernte Sekretärin und ihr Mann Alfred, ein anerkannter und angesehener Klavierbauer – er hatte seine Ausbildung bei Bösendorfer erhalten – ein normales und unbeschwertes Leben, bis der „Anschluss" Österreichs an das Dritte Reich ihren Alltag radikal verändern sollte. In der Nacht vom 11. auf den 12. März 1938 marschierten deutsche Truppen in Österreich ein und nur wenige Wochen danach rollten die ersten Züge mit politisch Andersdenkenden sowie Juden in das Konzentrationslager Dachau. Österreichische Juden und Jüdinnen sahen sich, soweit sie die Möglichkeit fanden, gezwungen, das Land zu verlassen und ihr weiteres Leben im Exil zu verbringen. Auch das Ehepaar Loewe gehörte zu den aus Österreich vertriebenen Familien.

Alfred machte sich bereits Ende 1938 auf den Weg ins Exil und kam auf der oft beschriebenen Route Wien – Köln – Aachen vorerst nach Antwerpen, wo eine starke jüdische Community lebte. Hedwig folgte im Laufe des Jahres 1939, kam aber nicht nach Antwerpen, sondern nach Brüssel, wo die Eheleute sich schließlich in der Avenue des Hortensias

Herr Schwarz, Onkel von Alfred Loewe, im Klaviergeschäft in der Maria-hilfer Straße, 1930er-Jahre © Privat

niederließen. Ursprünglich hatten sie nach Australien auswandern wollen und hatten auch bereits die behördlichen Genehmigungen dafür, entschieden sich aber schließlich – aus welchen Gründen auch immer – für Belgien.

In einer auf 6. Juni 1948 datierten Eidesstattlichen Erklärung zur Erlangung einer Bescheinigung nach dem Opferfürsorgegesetz führt mein Adoptivvater aus, dass sein Betrieb in Wien 1938 in „arische Hände" übergeleitet und liquidiert worden war, sodass er, jeder Verdienstmöglichkeit beraubt, sich gezwungen sah, ins Ausland zu emigrieren. Diese Erklärung beinhaltet weitere, für mich interessante und erstaunliche Feststellungen: „Infolge des in Belgien bestehenden Arbeiterschutzgesetzes war es mir unmöglich, einem geregelten Verdienst nachzugehen. Während ich noch vom Jänner 1939 bis April 1940 vom American Joint Comite (sic) unterstützt wurde, konnten wir später unser bescheidenes Leben nur mehr durch mühselige Handarbeiten meiner Frau fristen. Endlich im Jänner 1943 habe ich die Bewilligung bekommen, in meinem Beruf zu arbeiten."

Die Fragen, die sich mir angesichts dieser Angaben stellen und die unbeantwortet bleiben werden, betreffen die krassen Unterschiede im Vergleich zu meinen leiblichen Eltern. Aus den fremdenpolizeilichen Akten ist ersichtlich, dass meine Mutter mit Harry am 22. März 1939 nach Brüssel gezogen ist, während mein Vater berufsbedingt – er war Textilkaufmann – noch in Italien war und erst am 25. Mai nachfolgte. Meine Mutter erhielt am 28. März, mein Vater am 29. Mai die erste Aufenthaltsgenehmigung, die sog. „feuilles de route". Diese waren jeweils auf drei Monate ausgestellt und enthielten die ausdrückliche Aufforderung – unter Androhung einer Gefängnisstrafe – nach Ablauf dieser Frist das Land wieder zu verlassen. Später wurden die Fristen allerdings auf sechs Monate verlängert. Als Beweis für die dramatische Lage meiner Eltern genügt der von meinem Vater an die Königin Elisabeth adressierte Brief. Auch die Wohnverhältnisse zeigen eine eklatante Diskrepanz zwischen Familie Loewe und Familie Grossmann. Während meine Eltern mit uns Kindern an verschiedenen Adressen in einem ausgesprochen ärmlichen Viertel wohnten, wo sich viele jüdische Flüchtlingsfamilien niedergelassen hatten, lebten Hedwig und Alfred Loewe in einer gutbürgerlichen Wohnung in der feudalen Avenue des Hortensias 102, die nach der Befreiung mit Beschluss der Gemeindevertretung vom 14. November 1944 in Avenue Général Eisenhower umbenannt wurde. Allein der Umstand der Umbenennung offenbart den Status dieser Avenue: Der Befreier Belgiens wurde nicht mit einer kleinen Nebenstraße, sondern mit einer Prachtstraße geehrt. Ich kann mich an die schöne, gut einge-

richtete Wohnung erinnern sowie an den anliegenden wunderbaren Parc Josaphat, in dem meine Schwester und ich erstmals Pfaue sahen. An die Wohnungen meiner Eltern habe ich hingegen keinerlei Erinnerung.

Auch die in der Eidesstattlichen Erklärung erwähnte Arbeitsmöglichkeit ab 1943 versetzt mich in Erstaunen, weil ich nicht begreife, wie ein Vertriebener, ein Flüchtling während der deutschen Besatzung eine Arbeitsmöglichkeit haben konnte, während mein Vater von den Behörden als mittellos geführt wurde und auf monatliche Unterstützungen durch den Verband der Juden in Belgien (Association des Juifs de Belgique) angewiesen war.

In einem Schreiben vom 15. Juni 1948 an das Magistratische Bezirksamt in Wien schildert Alfred Loewe den Vermögensentzug seiner Firma folgendermaßen:

Rudolf Reisinger, der die besten Beziehungen – wie er selbst sagte – zur NSDAP hatte, setzte es schließlich durch, dass am 12. Dezember 1938 eine Schätzungskommission unter Führung des Schätzmeisters Johann Heinisch, Wien, IV., Theresianumgasse 35, in meinem Betrieb erschien und die Schätzung meines gesamten Roh-, Halbfertig- und Fertigwarenlagers sowie Büro- und Werkstätteneinrichtung vornahm. Nach durchgeführter Schätzung, von dem Resultat ich damals keine Kenntnis erlangte, wurden meiner Frau, welche bei der Schätzung anwesend war, die Geschäftsschlüssel abgenommen und somit ging mein Betrieb in den Besitz des Rudolf Reisinger über. In meinem Geschäft befanden sich eine Anzahl Bilder, darunter ein großes, wertvolles Gemälde, sign. Klieber 1846[5]. Diese Bilder hat sich Rudolf Reisinger ohne meine Zustimmung und ohne Zustimmung der Schätzungskommission, die sich zur

Schätzung von Bildern nicht zuständig erklärte, da sie als
Privateigentum und nicht zum Geschäft gehörig betrachtet
wurden, angeeignet.

Ich erkläre hiermit an Eidesstatt, dass ich niemals Verkaufs-
verhandlungen mit Rudolf Reisinger gepflogen habe, nie
einen Kaufvertrag abgeschlossen oder unterzeichnet und
niemals eine Verkaufssumme oder auch nur einen Teil-
betrag empfangen habe. Rudolf Reisinger kam widerrechtlich
und gegen meinen Willen in den Besitz meines Eigentums.[6]

Auch die Wohnung von Alfred und Hedwig Loewe in der
Lerchenfelder Straße 44, einem fünfgeschossigen späthistoristischen Wohn- und Geschäftsbau im 8. Wiener Gemeindebezirk, wurde 1938 von den Nationalsozialisten ent-
eignet.

Nach dem Einmarsch der deutschen Truppen in Belgien im
Mai 1940 änderte sich das Leben des Ehepaars neuerlich.
Alfred Loewe wurde am 10. Mai 1940 von den belgischen
Behörden in das südfranzösische Internierungslager Saint-
Cyprien gebracht und bis 12. November 1940 dort fest-
gehalten.[7] Die Küstenstadt liegt nahe der spanischen Grenze,
direkt am Mittelmeer, rund 15 Kilometer von Perpignan
entfernt. Das Lager wurde nach der Niederlage der Spanischen Republik Katalonien vom Februar 1939 für spanische
Republikaner und Juden eingerichtet und blieb bis zur
Schließung Ende 1940 in Betrieb. Im Februar 1939 wurden
rund 9.000 Spanienkämpfer im Lager interniert, wo sie
anfangs unter Planen am Strand campieren mussten. Ab
Mai 1940 kamen aus Belgien zwischen 4.000 und 8.000 von
den Behörden ausgewiesene Personen hinzu. Juden und
politisch Verfolgte wurden von den französischen Vichy-
Behörden als „unerwünschte Ausländer" klassifiziert und in

das Lager eingewiesen. Ende 1940 wurde das Lager geschlossen. Die noch 3.870 Internierten, meist jüdische Personen, wurden in weitere Lager verschleppt, so zum Beispiel nach Gurs, oder in das Vernichtungslager Auschwitz deportiert.[8] Am 12. November 1940 gelang Alfred Loewe die Flucht durch Frankreich zurück nach Brüssel, wo er bis Kriegsende lebte. Als Fluchthelfer fungierte sein Halbbruder Friedrich Schiller, geboren am 17. Juli 1899 in Wien. Schiller galt als Abenteurer, für den seine jüdische Identität und zugleich Nähe zum Nationalsozialismus kein unüberwindbarer Widerspruch war. Als Geburtsort gab er statt „Wien" die französische Bezeichnung „Vienne" an und wollte offenbar vorgeben, aus dem französischen Vienne zu stammen. Während der deutschen Besatzung in Belgien residierte er im Rathaus von Brüssel. Er war es, der persönlich ins Lager Saint-Cyprien fuhr, um seinen Halbbruder aus dem Internierungslager zu holen.[9] Möglicherweise hat Friedrich Schiller das Ehepaar Loewe während der Besatzung finanziell und beruflich unterstützt. Die letzten Monate der Besatzung, von Anfang April bis zur Befreiung Brüssels im September 1944, mussten Alfred und Hedwig Loewe im Haus von einem Klavierhändler verbringen, bei dem Alfred Loewe beschäftigt war. Versteckt in einem dunklen Raum, den sie nicht verlassen konnten, da niemand wissen durfte, dass sie anwesend waren.[10] Hedwig Loewe wird Jahre später bei der Israelitischen Kultusgemeinde in Wien über die letzten Monate in Brüssel zu Protokoll geben:

In meiner und meines Mannes Abwesenheit war die Gestapo in Brüssel in unserer Wohnung und wir konnten nicht mehr zurück. Herr Hautrive versteckte uns im Magazin seines Hauses, Brüssel, Rue Royale 271, von Anfang April bis September 1944.[11]

IV. BELGIEN, FRÜHE 1940ER-JAHRE

Ende des 19. Jahrhunderts war es auch in Belgien zu einer großen jüdischen Einwanderungswelle aus Osteuropa gekommen. Arme, zumeist orthodoxe Juden flüchteten aus sozialer Not mit ihren Familien und siedelten sich vor allem in den Großstädten Antwerpen, Brüssel, Charleroi und Lüttich an. Um die Jahrhundertwende lebten in Belgien rund 17.000 Juden. Zu Beginn des Ersten Weltkrieges stieg die Zahl auf 55.000 und schließlich, 1933 nach der Machtübernahme durch die Nationalsozialisten in Deutschland, auf über 100.000, da viele in Belgien Schutz suchten. Als die deutschen Truppen am 10. Mai 1940 in Belgien einmarschierten, lebten 115.000 Juden und Jüdinnen im Land.[12] Die belgische Flüchtlingspolitik galt als eine der liberalsten in Westeuropa. Flüchtlinge, die aus politischen oder religiösen Gründen Österreich oder Deutschland verlassen hatten, erhielten vom Königreich bis Mai 1940 temporären Schutz.[13] Die deutsche Militärverwaltung ergriff nach dem Einmarsch in Belgien unverzüglich Maßnahmen, die den Juden und Jüdinnen grundlegende Rechte aberkannten. Die Isolierung der jüdischen Bevölkerung und die Deportation in Vernichtungslager wurden systematisch in die Wege geleitet. Ab Oktober 1940 mussten die Gemeinden ein „Judenregister" führen. Ausweise der Juden und Jüdinnen wurden mit „Juif – Jood" versehen. Unter der Leitung von SS-Offizier und Referent für „jüdische Angelegenheiten" Kurt Asche, wurden im Dezember 1941 scharfe Maßnahmen gegen die Juden beschlossen. Ziel war ihre Ausgrenzung aus dem öffentlichen Leben und die Beschränkung der wirtschaftlichen Betätigung. Darüber hinaus wurde die „Herauslösung der Juden aus dem kulturellen Leben Belgiens" angestrebt und die Auswanderung der Juden gefördert. Die bestehenden jüdischen Einrichtungen wie Schulen, Stiftungen, Krankenhäuser wurden aufgelöst.[14] Mit Beginn 1942 war die jüdische Bevölkerung Belgiens in extremer Lebensgefahr. Auf der Wannseekonferenz (20. Jänner 1942) wurde die „Endlösung" der Judenfrage präzise vorbereitet. Im deutschen Einflussgebiet sollten alle Juden Europas systematisch erfasst und von West nach Ost in die Vernichtungslager deportiert werden. Koordiniert wurde die Aktion vom Leiter des „Judenreferates" in Berlin, dem Österreicher Adolf Eichmann.[15] Aufgrund einer Verordnung des deutschen Militärbefehlshabers in Belgien Alexander von Falkenhausen, wurden Juden gezwungen, ab dem 7. Juni 1942 den „Judenstern" zu tragen.[16] Für die Deportationen in den Osten errichteten die Nationalsozialisten im Juli 1942 in der Kaserne Dossin im belgischen Mechelen (Malines) ein SS-Sammellager, um den reibungslosen Transport in die Vernichtungslager vorzubereiten. Zwischen 4. August 1942 und 17. Juli 1944 wurden insgesamt 25.627 Menschen aus Mechelen deportiert, darunter auch Siegfrieds Eltern, Chaim und Zlata Grossmann, die in weiterer Folge nach Auschwitz kamen.

Die Kaserne Dossin war 1756 im Auftrag der Kaiserin Maria Theresia von Österreich als Unterkunft für österreichische Soldaten errichtet worden. In diesen Mauern wurden Juden und Jüdinnen interniert, bevor sie den langen Weg in das Vernichtungslager Auschwitz antreten mussten. Die Kaserne wurde darum auch als „Vorzimmer von Auschwitz" bezeichnet. Nach dem Krieg, im Jahr 1945, waren nur mehr 1.251 Menschen am Leben, die von Mechelen nach Auschwitz deportiert worden waren.

V. AUSCHWITZ, OKTOBER 1942

Am 7. Oktober 1942 trat SS-Oberaufseherin Maria Mandl ihren Dienst im Konzentrationslager Auschwitz an. Die am 10. Jänner 1912 im oberösterreichischen Münzkirchen geborene Tochter eines Schuhmachermeisters und einer Schmiedetochter gehörte zur Kerngruppe des weiblichen Wachpersonals in den nationalsozialistischen KZs. Nachdem sie 1938 der SS beigetreten war, begann sie freiwillig als Aufseherin im Frauen-KZ Lichtenburg im sächsischen Prettin, anschließend war sie Aufseherin im KZ Ravensbrück, dann in Auschwitz. Dort war sie zur selben Zeit wie Chaim und Zlata Grossmann, sie könnte ihnen also begegnet sein und über deren Schicksal verfügt haben. Bei den weiblichen Häftlingen war die Oberaufseherin für ihre besondere Brutalität bekannt und gefürchtet. Die Prügelstrafe führte sie persönlich durch, sie entschied an der berüchtigten Rampe, ob die Häftlinge direkt in die Gaskammer zu schicken oder zum Arbeitsdienst einzusetzen waren. Darüber hinaus wählte sie jene Frauen aus, die für pseudomedizinische Untersuchungen missbraucht wurden. Mandl entschied über Leben und Tod.[17]

Das Konzentrationslager Auschwitz wurde zum größten Ort der Massenvernichtung. Zu den jüdischen Opfern gehörte auch die Familie Grossmann. Die 39-jährige Zlata Grossmann wurde am 15. Jänner 1944 mit dem 23. Transport vom SS-Sammellager im belgischen Mechelen nach Auschwitz deportiert. Transportnummer: 320. Die Gestapo hatte sie am 19. August 1943 beim Verlassen des Krankenhauses Saint-Pierre in Brüssel verhaftet. Am 20. Oktober 1943 wurde sie in das Sammellager Mechelen überstellt. Unter den wenigen Habseligkeiten, die sie bei der Einlieferung in das Konzentrationslager Auschwitz bei sich trug, befand sich die Ambulanzkarte des Krankenhauses. Im selben Transport war auch ihr Bruder, Josef Messinger. Josef war in diesem Transport die Nummer 563 zugeteilt worden. Die Nummer 564 hatte seine Frau Jenna, geborene Spatz.[18] Von diesem 23. Transport wurden 237 Menschen in Auschwitz für den Arbeitsdienst registriert, 420 Menschen wurden unmittelbar nach der Ankunft in der Gaskammer ermordet. 97 Personen aus diesem Transport haben die Befreiung des Konzentrationslagers erlebt.[19]

Zlatas Ehemann Chaim Grossmann war bereits zwei Jahre vorher mit 47 Jahren in Auschwitz gestorben.[20] Chaim war am 30. Oktober 1942 in Mechelen interniert und bereits einen Tag später, am 31. Oktober 1942, mit dem 17. Transport nach Auschwitz deportiert worden – Transportnummer 495. Insgesamt wurden aus dem 16. und 17. Transport (beide Transporte fanden am selben Tag statt) 777 Menschen in Auschwitz für den Arbeitsdienst registriert, 919 Menschen sind in die Gaskammern geschickt worden. 85 Personen aus diesen beiden Transporten haben die Qualen des Konzentrationslagers überlebt.[21]

Am 27. Jänner 1945 wurde das Lager von Soldaten der Roten Armee befreit. Zu diesem Zeitpunkt befanden sich noch rund 7.000 Menschen im Lager. Von der Familie Grossmann war niemand dabei.

VI. BRÜSSEL, 1942

Für die 21-jährige in Brüssel tätige Lehrerin Andrée Geulen[22] begann die Widerstandtätigkeit gegen die Nationalsozialisten im Juli 1942. In einem Ferienlager las die junge Pädagogin einem Buben eine Gutenachtgeschichte vor. Bevor er einschlief, flüsterte er: „Ich liebe dich und jetzt sag ich dir etwas. René ist nicht mein richtiger Name, ich heiße Simon und ich bin ein verstecktes Kind, aber das darfst du niemandem sagen." Man ist versucht, diese Aussage als eine Art „Geburtsstunde" der späteren Organisation „L'enfant caché" (das versteckte Kind) zu deuten. Belgier aus unterschiedlichen religiösen und politischen Richtungen versteckten, zum Teil gegen Bezahlung, jüdische Kinder vor den Besatzern. In Kinderheimen, Klöstern und sogar Haftanstalten wurden Kinder und Jugendliche untergebracht, damit sie mit falscher Identität den Konzentrationslagern entgingen. Erstmals kamen im September 1942 Kinder mit gelbem Stern in die Schule von Andrée Geulen. Die junge Lehrerin war schockiert und war entschlossen, zu handeln. Sie forderte alle Kinder – Juden und Nichtjuden – auf, Schürzen zu tragen, um den stigmatisierenden gelben Stern zu verdecken. Andrée Geulen trat dem „Comité de Défense des Juifs" (Komitee zur Verteidigung der Juden) bei. Gemeinsam mit Yvonne Jospa, Ida Sterno und Maurice Heiber gründete sie das erwähnte Komitee, um jüdische Kinder in Belgien zu verstecken. Gearbeitet wurde in drei Gruppen, die streng voneinander getrennt agierten, um bei einer eventuellen Verhaftung durch die Gestapo die Kinder nicht zu gefährden. Die erste Gruppe war für die Organisation von Unterkünften für die Kinder zuständig. Sie suchte Privatwohnungen, Kinderheime, Klöster und Schulen, wo die Kinder untergebracht werden konnten. Die zweite Gruppe, zu ihr gehörte Andrée Geulen, hatte die wohl schwierigste Aufgabe zu erledigen. Sie musste die Eltern davon überzeugen, ihre Kinder in eine ungewisse Zukunft zu übergeben. Ein Foto aus jenen Tagen zeigt die junge, attraktive Frau auf einer Straße in Brüssel, im schwarzen Kleid blickt sie direkt in die Kamera, die Handtasche fest im Griff, hinter ihr zwei Soldaten der deutschen Wehrmacht, die sie beobachten. Sie geht aufrecht, unbeirrt und stolz ihren Weg.

Im Dezember 1942 kam es zur Begegnung zwischen Andrée Geulen und Zlata Grossmann. Zlata hatte im Grunde keine

Andrée Geulen © Yad Vashem

andere Wahl, denn ihr Ehemann Chaim war einige Wochen zuvor nach Auschwitz deportiert und dort ermordet worden. Über das Gespräch zwischen den beiden Frauen kann nur gemutmaßt werden. Nach intensiver Überzeugungsarbeit musste Zlata Grossmann ihre Entscheidung treffen. Ihr war klar, dass sie die Kinder möglicherweise nie wiedersehen würde. Sie hatte nur den Wunsch, dass die Geschwister Rebecca und Siegfried nicht getrennt werden sollten. Was letztlich jedoch geschah.

Die dritte Gruppe der Widerstandsaktivisten war für die Registrierung der Kinder zuständig. Name, Deckname und Ort der Unterbringung wurden codiert vermerkt. Die Direktorin eines Kinderheims in Brüssel, Odile Henri, versteckte 12 jüdische Kinder in ihrer Schule. Zu Pfingsten 1943 stürmten SS-Männer in die Schule und nahmen alle Kinder sowie die Direktorin fest. Die Kinder, die Direktorin Odile Henri sowie ihr Mann und ihre Tochter wurden nach Auschwitz deportiert. Nur die Tochter überlebte.[23] 1944 kam es zu einer neuerlichen Verhaftungswelle durch die Gestapo. Die Sozialarbeiterin Ida Sterno, eine der zentralen Figuren des Komitees, wurde gemeinsam mit mehreren Mitgliedern verhaftet. Sie überlebte, weil Belgien rechtzeitig von den Alliierten befreit und sie so vor der Deportation bewahrt wurde. Andrée Geulen gelang es, der Verhaftung zu entgehen und sie führte im Untergrund die Hilfsaktionen weiter. Zwischen 1942 und 1944 konnten durch das Engagement von Andrée Geulen und anderer Widerstandsaktivisten mehr als 2.700 jüdische Kinder vor dem Konzentrationslager und dem sicheren Tod bewahrt werden. Nach der Befreiung Belgiens bemühte sich Andrée Geulen, die versteckten Kinder zu den Eltern oder Verwandten – sofern diese überlebt hatten – zurückzubringen.[24]

Erst Jahrzehnte später erhielt ihre Tätigkeit die verdiente Würdigung: 1989 wurde sie als „Gerechte unter den Völkern" ausgezeichnet und 2007 zur Ehrenbürgerin von Israel ernannt.

Ob Stephan J. Kramer, zwischen 2004 und 2014 Generalsekretär des Zentralrats der Juden in Deutschland, Andrée Geulen persönlich kennengelernt hat, ist nicht bekannt. Im Vorwort des 2012 erschienenen Kinderbuches *L'enfant caché* von Loic Dauvillier (Deutsche Ausgabe *Das versteckte Kind*, 2013) schreibt er:

Wie stellt man den Holocaust dar? Eine letztendlich unlösbare Aufgabe. Die Shoah kann man nicht wirklich darstellen. Wie stellt man sechsmillionenfachen Mord dar? Die Schmerzen, das Leid, die Angst, die Verzweiflung und die Trauer der Verfolgten? Wenn wir heute sagen: „Ich habe Hunger", ist das nicht einmal eine Approximation des Hungers von Ghettoinsassen. „Ich bin erschöpft" – nach Maßstäben jener Hölle sind wir Heutigen selbst bei subjektiv völliger Erschöpfung taufrisch. Und wie können wir die Lebenswelt eines Kindes begreifen (…) das von Fremden gerettet wurde, dessen Seele aber Tag für Tag im Feuer endloser Angst und Einsamkeit verbrannte? Auch das unsagbare Trauma der Überlebenden ist letztlich nicht abbildbar.

Und doch dürfen wir nicht schweigen. Die Zeit des Unvorstellbaren verlangt von uns, dass wir sie dokumentieren, das Gedenken an sie bewahren und es an die kommenden Generationen, soweit das eben möglich ist, weitergeben. Die Alternative wäre Schweigen. Vergessen. Das können wir nicht, wollen wir nicht und dürfen wir nicht zulassen. (…) So kann DAS VERSTECKTE KIND eine Brücke zwischen dem Schicksal der Heldin dieser Graphic Novel und der heutigen Jugend schlagen. Es kann auch zeigen, dass es

Menschen gibt, die sich selbst in dunkelster Zeit ihre
Menschlichkeit bewahren ... [25]

Zivilcourage und Unterstützung für jüdische Menschen gab es während der deutschen Besatzung sowohl im benachbarten Frankreich als auch in anderen Ländern. Dies, obwohl allen handelnden Helfern klar war, dass sie sich damit in höchste Lebensgefahr begeben würden. Im kleinen französischen Ort Le Chambon-sur-Lignon, um nur ein Beispiel anzuführen, wurden in den Jahren zwischen 1940 und 1944 rund 5.000 Juden und Jüdinnen versteckt. [26]

Rudolf Leo hat es im Vorwort schon gesagt: Es gibt keine Zufälle im Leben. Eines Tages – es muss Herbst 1986 oder 1987 gewesen sein – erhielt ich einen Anruf von Mary Steinhauser, in dem sie mich darüber informierte, dass am folgenden Sonntag im Künstlerhaus-Kino eine Dokumentation über die Rettung jüdischer Kinder in Belgien gezeigt würde und dass ich einige Worte sagen könnte. Mary Steinhauser, in Shanghai geborene politische Aktivistin, wesentliche Stütze der damaligen Plattform „Kritische Wähler" und des ins Leben gerufenen „Republikanischen Clubs – Neues Österreich", hatte ich im Zuge der Waldheim-Affäre kennengelernt. Ich ging also zur genannten Veranstaltung, weiß nicht mehr, was ich dort gesagt habe, weil ich vom Inhalt der Dokumentation total fasziniert und auch erschüttert war. Ich erfuhr zum ersten Mal, dass es eine Organisation zur systematischen Rettung jüdischer Kinder gegeben hat. Am nächsten Tag schrieb ich an die im Film auftretende damalige Präsidentin der Organisation „L'enfant caché", Sophie Rechtman, um zu erfahren, ob meine Schwester und ich vielleicht Betroffene gewesen waren. Postwendend kam die Antwort mit den uns tangierenden Angaben: Name, Adresse, Datum, Dauer, Deck-

name während des Verstecks. Erst zu diesem Zeitpunkt (ich war immerhin 57 oder 58 Jahre alt!) habe ich erfahren, dass wir versteckt gewesen waren, womit sich eine wesentliche Lücke in unserem biografischen Ablauf schließen ließ. Ich gehe davon aus, dass selbst die Adoptiveltern nichts von unserem Status als versteckte Kinder gewusst hatten.

In Belgien kam der offizielle Terminus „l'enfant caché" 1992 auf, anlässlich eines informellen Treffens versteckter Kinder in New York. Heute hat der Verein, dem ich seit vielen Jahren angehöre, seinen Sitz in Brüssel und gibt das Vierteljahresbulletin L'enfant caché *heraus.*

VII. BELGIEN, SEPTEMBER 1944

Am 2. September 1944 überquerten amerikanische Soldaten die belgische Grenze. Deutsche Besatzer und belgische Nazi-Kollaborateure packten noch am selben Tag ihre Koffer und flüchteten Richtung Deutschland. Britische Soldaten marschierten bereits am nächsten Tag, dem 3. September 1944, in der belgischen Hauptstadt ein. Durch die aktive Hilfe belgischer Widerstandsgruppen war das gesamte Staatsgebiet am 17. September 1944 befreit. Die Alliierten wurden wie Helden empfangen. Im ganzen Land waren die Straßen mit amerikanischen, britischen, französischen, sowjetischen und belgischen Fahnen geschmückt. Auch der damals fünfjährige Siegfried Grossmann kann sich noch an diese Tage erinnern. An das Triumphgeschrei, die Plakate, die Fahnen und die Festtagsstimmung über den Sieg gegen Nazideutschland. Siegfried und seine Schwester waren in diesen Monaten bei einem Ehepaar in Brüssel versteckt. Sie hatten Glück und waren die einzigen Kinder in dieser Familie, konnten sich frei bewegen und lebten angstfrei. Anschließend, im Jänner 1945, wurden die beiden Geschwister in einem Kinderheim in Brüssel untergebracht. Ab diesem Zeitpunkt waren die Kinder in Sicherheit.

Auch Paul Spiegel, von 2000 bis zu seinem Tod 2006 Präsident des Zentralrats der Juden in Deutschland, war als Kind in Belgien versteckt worden. Er überlebte den Holocaust, weil er mit Hilfe des Pfarrvikars in den Schutz einer katholischen Bauernfamilie gekommen war. Spiegel beschrieb die letzten Kriegstage eindrucksvoll in seinem 2001 erschienenen Erinnerungsbuch *Wieder zu Hause?*:

Um die Jahreswende 1944/45 wurde unser Dorf befreit. Gottlob kampflos. Die deutsche Wehrmacht zog sich nachts heimlich aus Chapelle-lez-Herlaimont zurück. Aber noch wagte niemand zu jubeln. Vielleicht würden die Deutschen überraschend zurückkehren. Es kam anders.

Wie jeden Morgen wurden Luc und ich zur Schule geschickt. Doch an dem Tag wirkte unser Lehrer zerstreut. Plötzlich hörten wir Lärm, Geschrei, Jubel. Die Tür unseres Klassenzimmers wurde aufgerissen, die Frau des Lehrers und bald auch Eltern stürmten herein. Die Erwachsenen umarmten und herzten einander und uns. „Der Krieg ist aus! Die Amerikaner sind da!", riefen sie. Wir rannten auf die Straße. Aus den Fenstern hingen schwarz-gelb-rote belgische Fahnen. Die Menschen, die ich bislang als ruhige Bauern kannte, schwatzten aufgeregt, lachten, tranken und sangen. Ich hörte Motorengeräusch. Zum ersten Mal sah ich einen Jeep, den kleinen, braun gestrichenen Geländewagen. Das Auto rumpelte über die ungepflasterte Dorfstraße. Die belgischen Bauern jubelten. Es folgte eine Kolonne schwerer Lastwagen. Soldaten in olivfarbenen Uniformen winkten in die Menge.

Meine Tante tauchte auf. Sie umarmte und küsste Luc und mich. Der Jubel der Menschen wurde von dumpfem Motorengebrumm übertönt. Dann hörten wir Metallraupengeknirsche. „Les tanks", schrie jemand. „Les tanks!" Zügig rollten die Stahlungetüme ins Dorf. Die Freude und der Jubel kannten keine Grenzen. Schreiend liefen die Menschen auf der Straße hin und her, hielten den Soldaten Schnaps und Brot entgegen. Die Panzer mussten stoppen. Frauen warfen den Soldaten Kusshände zu, die winkten lachend zurück.

Auch ich schrie mit den Leuten. Und musste gleich an meine Mutti denken. Immer hatte sie diesen Tag herbeigesehnt. Wie die Juden in aller Welt.

Ein jüdischer Witz illustriert die ungebrochene Hoffnung auf Befreiung von den Nazis unnachahmlich: „1943 wird ein Rabbi von einem Schüler gefragt: Wann wird Hitler endlich sterben? Das genaue Datum kann ich noch nicht sagen. Aber eines weiß ich sicher: Es wird der höchste jüdische Feiertag sein."

Ich wusste nicht, dass Hitler noch einige Wochen zu leben hatte und das Töten bis zum 8. Mai weitergehen sollte. Für mich war der Krieg vorbei. Unwillkürlich erinnerte ich mich an die Worte meiner Mutter: „Wenn die Nazis weg sind und du amerikanische oder englische Soldaten siehst, dann geh zu ihnen und sag ‚I am a German Jew. Das heißt, ich bin ein deutscher Jude'." Sie sprach mir jedes Wort einzeln und deutlich vor.

Ich lief also sofort zum nächsten Panzer, der inmitten der jubelnden Menschen stecken geblieben war, und schrie: „I am a German Jew. I am a German Jew." Und immer wieder: „I am a German Jew." Da winkte mir ein Soldat aus der Turmluke des Panzers zu. Ja, mir. Ganz heftig. Er rief etwas, das ich nicht verstand. Dann tauchte er in seinen Tank ein. Nach wenigen Sekunden kam er wieder zum Vorschein, schwang sich vom Turm, sprang zu mir, packte mich und warf mich in die Höhe. Dann setzte er mich behutsam ab und drückte mir eine Tüte in die Hände. Nüsse und Schokolade! Auch halbmondförmige gelbe und runde hellrote Früchte waren dabei, die ich damals noch nicht kannte: Bananen und Orangen. Ich starrte gebannt auf mein Geschenk. Es brauchte einige Zeit, ehe ich aufsah, um meinem lachenden Wohltäter zu danken. Er war schwarz! Zum ersten Mal sah ich einen leibhaftigen Schwarzen. Mit perlweißen Zähnen! Der Soldat gab mir einen kräftigen Kuss, sagte ein paar Worte, die ich ebensowenig verstand wie die

Umstehenden. Nichtsdestotrotz klatschten alle. Ein Bauer nötigte ihn, einen klaren Schnaps zu trinken, was der GI umgehend tat. Eine junge Frau fiel ihm um den Hals und gab ihm einen Kuss. Worauf die Tankbesatzung lachte, klatschte und johlte. Ich hielt meine Tüte ganz fest. Nach kurzem Palaver kletterte mein amerikanischer Befreier wieder auf seinen Panzer und stieg in seinen Turm. Der Motor heulte auf und mit rasselnden Ketten setzte sich das Monstrum in Gang.[27]

Sein erstes Schuljahr verbrachte Siegfried Grossmann noch in der belgischen Hauptstadt. Familie Loewe lebte in einer großräumigen Wohnung. Fotoaufnahmen aus dieser Zeit dokumentieren einen gewissen Luxus: sonnendurchflutete, große Zimmer, ein Konzertflügel im Salon, gediegene Möbel und zahlreiche Pflanzen. Hedwig Loewe im dunklen Kleid mit Buch in der Hand und einer großen Schüssel Obst auf dem Tisch, lachend mit einem schwarzen Schäferhund. Alfred Loewe elegant im dunklen Anzug im gemütlichen Lehnsessel. Die Bilder erinnern an eine Reklamebroschüre für „Schönes Wohnen" aus den 1940er-Jahren.

Hedwig Loewe, Brüssel ca. 1946 © Privat

Alfred Loewe, Brüssel ca. 1946 © Privat

Friedrich Schiller, der seinen Halbbruder Alfred Loewe aus dem Internierungslager Saint-Cyprien herausgeholt hatte, ahnte bald den Untergang des Nationalsozialismus und konnte sich rechtzeitig aus Brüssel nach Österreich absetzen, um sich anschließend bei der sowjetischen Armee als „Opfer der Nationalsozialisten" auszugeben. Es ist unklar, wie es ihm gelang, aber Fakt ist, dass er am 9. Mai 1945, nach dem Einmarsch russischer Truppen in Allentsteig, kurzfristig Bürgermeister der niederösterreichischen Gemeinde wurde und bis 29. Juni 1945 im dortigen Amtshaus residierte. Nach Unregelmäßigkeiten wurde Bürgermeister Schiller im Sommer 1945 abgesetzt und in das Bezirksgericht Zwettl eingeliefert. Im Protokoll der Gemeinderatssitzung vom 30. Juli 1945 heißt es:

Bürgermeister Fischer berichtet, dass Friedrich Schiller-Holm[28] seines Amtes enthoben wurde und nach Zwettl zur weiteren Amtshandlung überstellt wurde.[29]

Der Aufenthalt in Allentsteig brachte Schiller auch eine Verleumdungsanzeige ein. Im Gemeinderatsprotokoll vom 11. August 1945 wurde notiert:

Nachdem einige Herren von dem ehemaligen Bürgermeister
Schiller-Holm als Lumpen und Verbrecher bezeichnet und
eingesperrt gehören, wurde beschlossen, gegen Schiller-Holm
die Verleumdungsanzeige gemeinsam einzubringen.[30]
Friedrich Schiller zog sich schließlich nach Wien zurück
und gründete in der Taborstraße 33 eine prosperierende
Firma, die mit Waren aller Art handelte, womit er sich ein
beträchtliches Vermögen erwirtschaftete. Er schätzte Luxus
aller Art und gab sich als großzügiger Weltmann. Die Fotos,
die von ihm existieren, zeigen ihn stets in eleganten Anzügen,
immer mit passendem Stecktuch, schwarzer Fliege oder
schwarzer Krawatte. Da im Laufe der 1950er-Jahre seine
Geschäfte immer ruinöser wurden, sah er sich genötigt, mit
seiner Frau Sarah (Lotte) und seinem Adoptivsohn Omer
nach Israel auszuwandern, wo er sich in einem Kibbuz[31]
niederließ.

Friedrich Schiller, 1954
© *Privat*

Nach kurzem Aufenthalt kehrte er mit seiner Frau wieder nach Österreich zurück, das Klima in der Region entsprach offenbar nicht seinen Erwartungen. Sohn Omer musste in Israel bleiben und den Militärdienst absolvieren. Zurück in Wien, lebte das Ehepaar Schiller im sogenannten „Brettldorf"[32] an der Alten Donau. Am 4. März 1959 starb der 60-jährige „Onkel Fritz", wie ihn Siegfried Loewe liebevoll nannte, arbeitslos und verarmt an Kehlkopfkrebs in Wien.[33]

Friedrich Schiller, ein gelernter Friseur, erwies sich in der unmittelbaren Nachkriegszeit als ausgesprochen erfolgreicher Geschäftsmann, der auch ein ansehnliches Vermögen erwirtschaftet hatte. Er war ein veritabler Gesellschaftsmensch, hatte die Aura eines Grandseigneurs, war stets elegant gekleidet, liebte Luxus, große amerikanische Limousinen (Studebaker, Chevrolet), verbrachte manche Wochenenden am Wörthersee. Als die Nachfrage nach amerikanischen Textilien deutlich nachließ, verließ er die Taborstraße und gab den Textilhandel auf, um sich dem Schuhhandel zuzuwenden. Er bezog eine prachtvolle, große Wohnung in der Reichsratsstraße, deren Nummer mir nicht mehr präsent ist. An seinen Schuhgeschäften kann der wirtschaftliche und finanzielle Niedergang nur allzu deutlich abgelesen werden. Zuerst in der noblen Kärntnerstraße etabliert, musste er nach argen Verlusten relativ bald in den Kohlmarkt und schließlich in die nicht mehr ganz feudale Wipplingerstraße, wo ihn dann der endgültige finanzielle Zusammenbruch ereilte, der ihn zwang, Österreich zu verlassen. In einer Zeit der wirtschaftlichen Spekulation und des Hasardierens äußerst erfolgreich, zeigte sich in der Periode zunehmender Normalisierung seine kaufmännische Inkompetenz.

Es gibt einen wichtigen Bezug von Friedrich Schiller zu uns und besonders zu meiner Schwester. Das Ehepaar Schiller hatte in Belgien einen katholischen Buben adoptiert, aus dieser Adoption aber nie ein Geheimnis gemacht, im Gegenteil. Omer trug immer einen Doppelnamen, hieß Omer Decoster-Schiller. Da Omer, also unser „Cousin", mit dem ich viele Sonntage verbracht habe, in Israel bleiben musste, lag es nahe, meine Schwester, die zum Verlassen Wiens gedrängt wurde, in den gleichen Kibbuz zu schicken, in dem ihr „Cousin" nach seinem Militärdienst lebte.

VIII. WIEN, SEPTEMBER 1947

Antisemitismus war in der Nachkriegszeit in Österreich immer noch präsent, da die Entnazifizierung nur halbherzig durchgeführt wurde. Ehemalige Nationalsozialisten bezogen bald wieder ihre früheren Posten in den Ämtern, in den Schulen, an den Universitäten, bei der Polizei und in der Justiz. Die dominierenden politischen Parteien – SPÖ und ÖVP – buhlten um die Stimmen der „Ehemaligen". Österreich hatte sich schnell und gut in der Rolle als „erstes Opfer Hitlers" eingelebt. Die Aufarbeitung der Vergangenheit war kein zentrales Thema. Eine Rückholaktion der überlebenden Juden und Jüdinnen kam hierzulande nicht infrage. Die „Ariseure" hatten sich in den Wohnungen der vertriebenen Juden breit gemacht und nur wenige Juden und Jüdinnen kamen aus der erzwungenen Emigration zurück. Willkommen waren sie nach wie vor nicht.

Im September 1947 kehrten Alfred und Hedwig Loewe mit dem damals achtjährigen Siegfried und der sechsjährigen Rebecca nach Wien zurück und wohnten anfangs bei Loewes Schwester Berta Skopik und seinem Halbbruder Friedrich Schiller in der Taborstraße 33 im 2. Wiener Gemeindebezirk, einem 1893 erbauten späthistoristischen Wohn- und Geschäftshaus mit sechs Stockwerken.[34] Der damals 16-jährige Bruder Harry blieb in Brüssel und wurde weder über die Abreise noch über das Ziel der Übersiedlung informiert. Es sollten rund drei Jahre vergehen, bis er die Adresse der Loewes in Wien herausfand. In einem Schreiben vom 17. August 1950 an Hedwig Loewe erkundigte er sich über das Befinden seiner Geschwister:

Ich habe niemals verstanden, warum Sie mir keine Adresse zurückgelassen haben, schließlich handelt es sich um meinen

Bruder und meine Schwester. (…) Sicherlich sind Sie mir böse über all das, was ich Ihnen damals gesagt habe. (…) Ich möchte nur wissen, wie es den Kleinen geht und eventuell um ein Foto bitten … [35]

In rund einem Dutzend Briefen zwischen 1950 und 1962 versuchte Harry Grossmann das Ehepaar Loewe davon zu überzeugen, seinen Geschwistern die Wahrheit zu sagen und die Familie wieder zusammenzuführen. Die Briefe klangen verzweifelt, manchmal traurig, oft wütend, immer in der Sie-Form. Schließlich wurde vereinbart, die Geschwister im Juni 1962 (mit der Volljährigkeit Rebeccas) über ihr Schicksal aufzuklären. Dazu kam es allerdings nicht mehr, weil Siegfried und Rebbeca bereits früher über ihre Vergangenheit erfahren sollten. [36]

Ich bin meiner Adoptivmutter unendlich dankbar, die Korrespondenz mit Harry aufbewahrt zu haben, sodass ich in der Lage bin, die über Jahre hinweg andauernden Spannungen zwischen ihm und den Adoptiveltern zu rekonstruieren. Selbstverständlich besitze ich nur die Briefe von Harry, die Antworten hat er mir nie gezeigt, wahrscheinlich wurden sie gar nicht aufbewahrt. Die Korrespondenz beginnt im Jahre 1950. Im ersten Brief vom 17. August beklagt der damals 19-Jährige, dass es ihm erst nach langer und mühsamer Suche gelungen war, unsere Wiener Adresse ausfindig zu machen, was bedeutet, dass er über unser Verlassen Belgiens gar nicht informiert und ihm der nunmehrige Aufenthalt seiner Geschwister verheimlicht worden war. In diesem ersten Brief erkundigt er sich nach uns und erbittet ein Foto. Im nächsten Brief (24. Oktober 1950) bittet er um Verständnis, weil es offenbar mit dem Ehepaar Loewe Konflikte gegeben habe, die aber seiner Jugend zuzuschreiben wären. Ausdrücklich betont er, dass seine Schwester und sein Bruder alles seien, was ihm von seiner Familie geblieben sei. Darüber hinaus berichtet er über seinen beruflichen Werdegang: Studieren sei aus finanziellen Gründen nicht möglich – von erfolgreich abgeschlossener Mittelschule spricht er nicht –, weshalb er eine technische Schule zum Radioelektriker absolviert habe und sich auf die schwierige Arbeitssuche begebe. An zahlreichen Stellen, an denen er sich bewarb, werde er abgelehnt, weil er Ausländer sei. Seinem Brief vom 17. Dezember des gleichen Jahres entnehme ich, dass er immer noch in einem Heim wohnt und vom Direktor die Zusicherung erhalten hat, den Winter noch dort verbringen zu dürfen. Gleichzeitig kündigt er seine Absicht an, bald nach Wien kommen zu wollen. Tatsächlich kam er im Sommer 1953 zum ersten Mal nach Wien und wurde uns als „Freund" der Familie präsentiert. Es ist zwar richtig, dass wir uns in Brüssel ganz selten und dann mindestens sechs Jahre überhaupt nicht gesehen hatten, aber ich war immerhin schon 14 Jahre alt und kann aus heutiger Sicht nicht begreifen, wieso ich ihn nicht erkannt habe, genauso wie meine Schwester, obwohl sie immer mehr Gespür hatte als ich.

Im Briefverkehr, über den ich verfüge, klafft nun eine Lücke von einigen Jahren, die zu erklären ich nicht in der Lage bin. Erst 1959 setzt die mir zugängliche Korrespondenz wieder ein. Inzwischen war ich mit den Adoptiveltern zur Brüsseler Weltausstellung 1958 in die belgische Hauptstadt gefahren, wo wir auch ein – freilich kurzes – Treffen mit Harry hatten. Es war während seiner Mittagspause ein kleiner Imbiss im Pavillon des Vatikans. Aber der damals 27-Jährige erschien mir sehr selbstsicher, elegant gekleidet, mit der Aura eines erfolgreichen und anerkannten Experten in seinem Beruf, nämlich Verkaufsleiter im größten Brüsseler Schallplattenhaus. In Briefen von März und April 1959 kündigt er seine

Hochzeit an und besteht auf der Anwesenheit seiner Geschwister bei der Trauungszeremonie. Ein bemerkenswerter Brief trägt das Datum 19. August 1959. Darin besteht er nochmals auf der Teilnahme seiner Geschwister an seiner Hochzeit. Es sei gleichzeitig auch die Gelegenheit, die „Kinder" über das Vergangene zu informieren, lange genug habe er sein Schweigen bewahrt, die Kriegssituation dürfe nicht ewig dauern, eine versäumte Gelegenheit sei der Besuch der Weltausstellung gewesen. Und dann schreibt er: „Fredy wäre nicht überrascht zu erfahren, dass ich sein Bruder bin." Einige Wochen später die gleiche Argumentation: Er teile die Ansichten von Herrn und Frau Loewe keineswegs. Die Kriegssituation könne nicht ewig dauern, seine Geduld sei auf eine harte Probe gestellt worden, er wolle seine Familie bei seiner Hochzeit und: „Fredy hat sicher die Intuition, dass ich sein Bruder bin."

Dem Brief vom 16. April 1960 entnehme ich ein bis dahin nicht artikuliertes Element, nämlich die Reaktion auf den Vorschlag der Eheleute Loewe, mit der Aufklärung seiner Geschwister noch zwei Jahre zuzuwarten. Die Zeit werde nichts arrangieren, meint er, die Situation sei völlig anormal. In seinem Brief vom 19. August 1961 wiederholt er seine Argumentation, dass alles viel zu lange gedauert habe, dass das „Übereinkommen" das Ablaufdatum Juni 1962 trage, keinesfalls verlängerbar sei, und er fügt die Belehrung aus Pädagogik und Psychologie an, dass den Kindern die Wahrheit zumutbar sei und sie diese oft schon kennen. Was Gegenstand dieser Übereinkunft gewesen war, habe ich erst spät erfahren. Herr und Frau Loewe hatten Harry die Zusicherung abgerungen, mit der Lüftung des „Geheimnisses" bis Juni 1962 zu warten, dem Monat meines Geburtstages und dem Jahr der – damals mit dem 21. Lebensjahr erreichten – Volljährigkeit unserer Schwester. Dies hätte bedeutet, dass ich

unsere wahre Herkunft erst mit 23 Jahren (!) erfahren hätte.
Tatsächlich sollte die Aufdeckung ganz anders ablaufen, wie
an späterer Stelle noch beschrieben wird. Im Laufe der Jahre
1959 bis 1961 wurde der Ton immer rauer, die vorgebrachten
Vorwürfe immer deutlicher und wiederholt wird die Nicht-
akzeptanz der Argumente aus Wien unterstrichen. „Jahre-
lang haben Sie meine Gefühle missachtet."
Zwei Briefe aus dem Jahr 1962 schließen diese sehr emotional
geführte Korrespondenz ab. Es sind Briefe, die nach der dra-
matischen Entdeckung der Wirklichkeit nach Wien adressiert
wurden, nachdem ich den Jahreswechsel 1961/62 bei meinem
Bruder und seiner Frau Lucienne verbracht hatte. Am 3. Jänner
drückt er seine Euphorie über den gemeinsam verbrachten
Sylvester aus, was ihm „ewig in Erinnerung" bleiben werde.
Bei allen menschlichen Handlungen seien Fehler möglich, der
Fehler der Adoptiveltern sei es gewesen, nicht früher gesprochen
zu haben, aber was jetzt zähle, sei die Zukunft. Er ist glücklich,
den Bruder wiedergefunden zu haben, gleichzeitig äußert er
totales Unverständnis hinsichtlich des Schicksals von Rebecca,
die seit 1960 in Israel lebt. In der Tat haben Harry und seine
Frau unsere Schwester nur ein einziges Mal, anlässlich einer
Israelreise, getroffen. Und dann ein letzter, in eher versöhn-
lichem Ton gehaltener Brief, in welchem er ein letztes Mal
gegenseitiges Verständnis einfordert. Mit diesem Brief endet
die Korrespondenz zwischen Harry und den Adoptiveltern,
von nun an waren die Briefe ausschließlich an mich gerichtet.
Die über ein Jahrzehnt andauernde Korrespondenz mit Harry
wurde ausschließlich von meiner Adoptivmutter geführt.
Allerdings findet sich in den erhaltenen Schriftstücken auch
ein mehrseitiger handschriftlicher Briefentwurf meines Adoptiv-
vaters, der möglicherweise als Konzept für einen später abge-
sandten Brief diente. Dieser nicht datierte Brief ist das beredte

Zeugnis für die Ablehnung des von Harry wiederholt geäußer-
ten Wunsches nach Präsenz der Geschwister bei der Hochzeit.
Charakteristisch ist in dem folgenden Ausschnitt die wieder-
holte und vermutlich bewusste Verwendung des Wortes „Kin-
der", wo ich zu jener Zeit immerhin bereits 21 Jahre alt war:
„Was aber die Eröffnung all der bitteren Wahrheit an die
Kinder anlangt, so möchte ich jede Einmischung und Beurtei-
lung von fremden Personen, die glauben, einen guten Rat
geben zu müssen und es sozusagen nicht verstehen können,
ernsthaft zurückweisen, da sie die Kinder und uns nicht kennen
und wir uns vollkommen genügen, um unsere Handlungen zu
verantworten so wie bisher auch in Zukunft. Wem ist geholfen
damit, dass die Kinder genau darüber Bescheid wissen, wie
Du es verlangst, dass sie Juden sind und dass die Eltern
umgekommen sind. Würde ihnen diese Gewissheit ihr Leben
erleichtern oder ihnen, die bisher ohne diesen Gedanken als
freie Menschen aufgewachsen sind, nicht eher ihr Leben
erschweren?"
Man kann resümieren: dem Verlangen nach Verständnis
steht eine strikte Verständnisverweigerung gegenüber.

Im Jahr 1948 zogen die Loewes in die Schönburgstraße 6/8
im 4. Wiener Gemeindebezirk – ein viergeschossiger klassi-
scher Gründerzeitbau in direkter Nachbarschaft zur Belgischen Botschaft[37]. Ihre von den Nationalsozialisten „arisierte"
Wohnung in der Lerchenfelder Straße erhielten sie nicht
mehr zurück. Im Zusammenhang mit der „arisierten"
Klavierfabrik in der Mariahilfer Straße kam es zu einem
„Vergleich": Herr Loewe erhielt vom „Ariseur" Rudolf
Reisinger zwei Hobelbänke, fünf Schraubstöcke, einen
Tischlerofen und einige Musikinstrumente. „Die oben ange-
führten Instrumente werden auf Kosten des Antragstellers

Klaviergeschäft Alfred Loewe, undatiert © Privat

vom jeweiligen Mieter oder jeweiligen Standplatz in Wien, gegen vorherige Ankündigung seitens des Antragsgegners, durch diese nach Wien VIII., Lederergasse 22 gebracht."[38] An diesem Standort, Ecke Laudongasse/Lederergasse, einem sechsgeschossigen Gründerzeithaus, betrieb Alfred Loewe nach dem Krieg erneut ein Klaviergeschäft.

Loewe verpflichtete sich sogar, die noch restlichen Sachverständigen-Gebühren in der Höhe von 480 Schilling an den Wiener Gutachter Theodor Gloss zu bezahlen. Durch einen gerichtlichen Vergleich verzichtete Alfred Loewe auf weitere Ansprüche aus seiner ehemaligen Firma.

Die zum Teil wertvollen Bilder, die bei der Flucht in der Klavierfabrik von Loewe zurückgelassen werden mussten, waren alle verschwunden.

Die Ankunft in Wien war für den jungen Siegfried ein Schock. Belgien war in Folge des Kolonialbesitzes trotz des Krieges ein wohlhabendes Land gewesen und Brüssel war durch die Kapitulation weitgehend von Bombenschäden verschont geblieben. Wien hingegen lag in Trümmern und war grau. In der Amerlingstraße sah er Menschen in einer Schlange stehen, nur um erstmals verfügbare Cadbury-Schokolade zu ergattern. Für ihn ein trostloses Bild. Seine

Alfred Loewe in seinem Klaviergeschäft, 1950er-Jahre © Privat

Französischkenntnisse – Deutsch konnte er noch nicht – brachten ihn im ersten Jahr in das 1946 vom damaligen französischen Hofkommissar Béthouart gegründete Lycée Français, wo er sich sehr wohl fühlte. Der Aufenthalt im Lycée war allerdings nur von kurzer Dauer. Siegfried Loewe vermutet im Rückblick, dass aus Sicht von Hedwig Loewe dort zu viele jüdische Kinder eingeschult waren. Darum wurde der Wechsel Siegfrieds in eine Wiener Volksschule und später ins Wiener Akademische Gymnasium beschlossen. Aus Siegfrieds Sicht sollte er dort „zum Österreicher erzogen werden". Im Gymnasium am Wiener Beethovenplatz lernte er 1949 Anfeindungen kennen, die sich später als Antisemitismus erwiesen. Der Naturgeschichte-Professor Robert Schilling, ein offenkundiger Antisemit, empfahl ihm unmissverständlich, die Schule zu verlassen, weil Juden in einem Wiener Gymnasium keinen Platz hätten. In einem Aufsatz aus dem Jahr 2002 fasst Siegfried Loewe seine Erfahrungen als Jugendlicher in Wien zusammen:

Erinnerlich sind mir auch die unter uns 12-, 13-Jährigen geführten Diskussionen über die Berechtigung des Nürnberger Prozesses, obwohl dieser schon etliche Jahre zurücklag, und über die vielfach behauptete unangemessene Art der Hinrichtungen. Unschwer ließen sich in derartigen Meinungen und Äußerungen die Stimmen der Väter heraushören, die ebenso wie manche der jüngeren Lehrer einige Jahre zuvor noch im Feld gewesen waren. So berichtete einer unserer Professoren gar nicht ungern von seinen heldenhaft verbrämten Erlebnissen in Stalingrad. Ebenso erinnere ich mich an eine Geografiestunde, in welcher der Professor über demografische Entwicklungen vortrug und die Möglichkeit rückläufiger Tendenzen erwähnte, etwa nach Epidemien oder nach Kriegen. Als er in diesem Zusammenhang auf die jüngere Geschichte verwies und die Ermordung von sechs Millionen Juden ansprach, rief einer aus der Klasse: „Viel zu wenig!" Die Reaktion des Lehrers beschränkte sich auf ein beschwichtigendes „Pst, pst!", im Übrigen fuhr er ohne weitere Ermahnung oder Belehrung mit dem Stoff fort.

Mehrere meiner Klassenkameraden wälzten auch den Plan, eine deutschnationale Partei zu gründen, wozu es freilich nicht gekommen ist, weil sie später als Erwachsene in einer bestimmten österreichischen Partei, zumindest kurzzeitig, ihre politische Heimat gefunden haben.

Dieser kurze Erlebnisbericht wäre unvollständig und unausgewogen, würden nicht auch Lehrer erwähnt werden, deren demokratische Gesinnung über jeden Zweifel erhaben war. Von unserem – im Übrigen sehr geschätzten – Deutsch-Professor hieß es gerüchteweise, und ohne, dass es je eine Bestätigung gegeben hätte, er sei Mitglied der NSDAP gewesen und habe als solches unmittelbar nach dem Krieg als „belastet" gegolten. Nie habe ich in den vier Jahren der Oberstufe, während derer ich seinen Deutsch- und Philosophieunterricht genossen habe, auch nur den geringsten Hinweis vernommen, der auf sein mögliches nationalsozialistisches Engagement hätte schließen lassen. Entweder war er nicht bei der Partei gewesen oder er trug, mit Würde und ohne darüber zu sprechen, seine Schuld ab.[39]

Diese Darstellung bedarf einer wesentlichen Ergänzung, welche den Missbrauch der damaligen pädagogischen Machtfülle dokumentiert. Während der vier Jahre in der Unterstufe war Robert Schilling unser Klassenvorstand und unterrichtete das Fach Naturgeschichte, die heutige Biologie. Drei für mich unvergessliche Episoden mögen sein

Verhältnis zu mir beleuchten. In der ersten Klasse wurde ich mündlich zum Verdauungsvorgang beim Menschen geprüft. Ich konnte alle Phasen genau wiedergeben, nur am Ende fehlte mir der richtige Terminus. Wegen meiner noch nicht perfekten Deutschkenntnisse kannte ich damals das Wort „After" noch nicht und einen mir geläufigen Vulgärausdruck scheute ich mich auszusprechen. Ich wurde verlegen, errötete und schwieg. Schilling weidete sich an meinem Schweigen, legte mir die Verlegenheit als Nichtwissen aus und gab mir eine schlechte Note. In der dritten Klasse muss ich in einer Unterrichtsstunde seinen Unmut hervorgerufen haben, vielleicht hatte ich getratscht, vielleicht über eine Bemerkung etwas laut gelacht, genau weiß ich den Grund nicht mehr. Jedenfalls hieß es „Loewe komm heraus, hol dir eine Ohrfeige". Ich trat zu ihm und erhielt vor allen Mitschülern eine Ohrfeige. Daraufhin nochmals Schilling: „Du hast gezuckt, du bekommst noch eine." Danach durfte ich mich setzen. Für die mir jahrelang entgegengebrachte Antipathie fand ich keine Erklärung – ich wusste damals ja

Siegfried Loewe, undatiert
© Privat

noch nicht, dass ich Jude war, weshalb ich mit dem Motiv
des Antisemitismus wenig hätte anfangen können. Jeden-
falls hat Schilling seiner Antipathie noch eine Facette hin-
zugefügt. Gegen Ende der vierten Klasse ließ er mich zu
einem Gespräch rufen. Dabei riet er mir „wohlmeinend",
die Schule zu verlassen, weil ich die Matura sicher nicht
bestehen würde, und eine Lehre, vielleicht im Klavierbau,
zu beginnen.

Immerhin ist es diesem „Pädagogen" nicht gelungen, mich
in den acht Jahren, die er meinen Schulalltag begleitet hat,
durchfallen zu lassen. Und er hat sich nicht gescheut, bei
meinem Adoptivvater ein Klavier zu kaufen, selbstver-
ständlich mit entsprechendem Preisnachlass.

Dabei beruhte das Wiener Akademische Gymnasium auf
einer ganz anderen Tradition. Gegründet im Jahr 1553,
unterrichteten Jesuitenpater traditionelle Fächer mit religiöser
Erziehung. Das Gymnasium wurde im 19. Jahrhundert
immer mehr zur Hauptbildungsanstalt der Söhne des
Bildungsbürgertums. Die Unterrichtskultur war liberal-
bürgerlich geprägt. In der zweiten Hälfte des 19. Jahrhunderts nahm der Anteil jüdischer Schüler rasant zu. Die
Schule hatte den höchsten Anteil von Söhnen jüdischer
Familien aller Wiener Gymnasien. Am 28. April 1938 wurde
das Gymnasium von den Nationalsozialisten „umgeschult".
Rund die Hälfte der Schüler wurde als „Rassejuden" einge-
stuft und musste die Schule verlassen.[40] Siegfried Loewe war
wahrscheinlich der erste jüdische Schüler, der nach dem
Krieg das Akademische Gymnasium besuchte.
Er erlebte Zeit seines Lebens Antisemitismus in unterschiedlichen Formen: zuerst versteckt und unterschwellig, später
offen und bösartig. Loewe war neben seiner Tätigkeit an

der Universität Wien auch äußerst aktiv im französischen Kulturinstitut (Palais Lobkowitz, später Palais Clam-Gallas in der Währinger Straße) tätig. Er war in der Kollegenschaft anerkannt und in der Direktion geschätzt. Im Jahr 2002 stellte der damalige Leiter François Laquièze, kurz vor seiner Versetzung nach Budapest, den Antrag auf Verleihung des Ordens „Offizier der Künste und der Literatur"[41] für Siegfried Loewe. Ein Orden, der vom französischen Kulturministerium verliehen wird. 2003 kam es zu einem Wechsel in der Direktion und Georges Touzenis übernahm die Leitung des Instituts. Jahre später erfuhr Siegfried Loewe, dass der Akt für die Nominierung Paris nie erreicht hatte, er war im Papierkorb gelandet. Für Touzenis, der sich mehrfach als Antisemit ausgewiesen hatte, war offenbar klar, dass ein Jude für eine derartige Auszeichnung nicht infrage kommt.[42]

IX. WIEN, APRIL 1948

Am 9. April 1948 wurden Siegfried und Rebecca von Alfred und Hedwig Loewe in Wien adoptiert. Die Kinder erfuhren allerdings von dieser Adoption nichts. Ihre wahre Herkunft wurde ihnen vorenthalten: eine Entscheidung, die letztlich einen großen Riss in die Familie getragen hat. Alfred und Hedwig Loewe wollten die Kinder offenbar nicht mit dem tragischen Schicksal ihrer leiblichen Eltern und ihrer jüdischen Herkunft konfrontieren. Auch die österreichische Staatsbürgerschaft für die beiden staatenlosen Kinder wurde beantragt. In einem Schreiben vom 18. Februar 1949 an das Magistratische Bezirksamt Wien IV mit der Bitte um Verleihung der österreichischen Staatsbürgerschaft für Siegfried und Rebecca führte Alfred Loewe aus:

Durch das nazistische Regime wurde ich gezwungen, im Jahr 1938 meine Heimat zu verlassen und habe ich den größten Teil meiner Emigration in Belgien verbracht, mit Ausnahme der Zeit, die ich in einem Konzentrationslager[43] verbringen musste. Meine Frau und ich haben uns nach dem Kriege sehr um die Kinder angenommen, die von den deportierten Eltern als Waisen zurückgeblieben sind. In einem Heim für verwaiste Kinder haben wir die beiden Kinder, die wir dann adoptierten, gefunden. (...) Die Kinder sehen in uns ihre Eltern und wissen nichts von dem tragischen Schicksal ihrer eigenen Eltern. Es ist mein innigster Wunsch, dass die beiden Kinder nicht nur meinen Namen tragen, sondern auch, so wie ich, die österreichische Staatsbürgerschaft besitzen...[44]

Siegfried spürte schon als Kind, dass es um ihn und seine Schwester ein Geheimnis gab. Verstehen konnte er es damals nicht und als Erwachsener brachte er kein Verständnis für die Vorgangsweise der Adoptiveltern auf. Hedwig Loewe war – so Siegfrieds spätere Einschätzung – eine strenge, teils ungerechte Frau. Eigentlich wollte die Adoptivmutter nur einen Buben, da die Geschwister aber auf Wunsch der leiblichen Mutter nicht getrennt werden sollten, mussten die Loewes beide Kinder aufnehmen. Rebecca hatte besonders darunter zu leiden. Die Hand saß gegen die Adoptivtochter besonders locker, noch Jahre später wird sich der Bruder den Vorwurf machen, nicht öfter dazwischengetreten zu sein und der Schwester geholfen zu haben. Die Adoptivmutter, die von Siegfried und Rebecca ständige Dankbarkeit einforderte, litt nach dem Krieg unter schweren nervösen Störungen und wirkte sehr geschwächt. Im Jahr 1950 verbrachte sie einige Zeit in der Psychiatrie in Wien, die Kinder vermuteten später einen Selbstmordversuch. In der Familie wurde darüber nicht geredet. Alfred Loewe war verständnisvoll und nachsichtig, Rebecca war sein Liebling. Aber er konnte sich gegenüber seiner Frau nicht durchsetzen. Liebe und Zuneigung fanden beide Kinder innerhalb der Familie wenig. Die Kinder spürten, dass in diesem Familiensystem etwas nicht stimmte, erhielten jedoch auf Nachfragen keine Antwort.

Bei der Beurteilung der Adoption will ich versuchen, möglichst objektiv zu bleiben und mich nicht von einer ungerechten und unzutreffenden Sichtweise leiten zu lassen. Wie viele Menschen habe auch ich es immer als eine herausragende und bewundernswerte Entscheidung angesehen, Kinder, deren Herkunft noch dazu unbekannt ist, aufzunehmen und schließlich zu adoptieren. Meine Schwester und ich können uns bis zum heutigen Tag nicht über mangelnde Fürsorge beklagen, ganz im Gegenteil. Ich war von schwacher Gesund-

heit, neigte zu chronischer Bronchitis, hatte sehr oft, auch in der Nacht, schwere Hustenanfälle und ich erinnere mich, dass meine Adoptivmutter oft an meinem Bett wachte und mir Kamillentee einflößte. Wir waren umsorgt, gut genährt, schön gekleidet, lebten in der wohligen Atmosphäre eines trauten Heims, ich bekam noch in Brüssel ersten Klavierunterricht, wir verbrachten immer wieder erholsame Stunden im benachbarten Parc Josaphat und zu den Wochenenden ging es bisweilen ans Meer, nach Ostende oder nach Knokke. Natürlich stellte ich auch Fragen, etwa, warum wir in einem Heim gewesen waren, worauf ich wahrscheinlich vorbereitete Antworten erhielt, die mich zufriedenstellen sollten. Dass Rebecca und ich vor dem Heim versteckt gewesen waren, das war damals noch nicht bekannt. Ich fragte einmal meine Adoptivmutter, wieso sie blond sei, wo doch meine Mutter dunkle Haare hatte. Auch hier eine ausweichende Antwort, die ich nicht mehr in Erinnerung habe. Insgesamt kann man wirklich nicht behaupten, dass wir nicht wohlbehütet gewesen wären. Doch kann es sein, dass die Stimmung in Brüssel eine andere war als später in Wien? Schon der Flug mit zwei Zwischenstationen war für mich eine Tortur, ich musste mich immer wieder übergeben und, kaum in Wien gelandet, bekam ich eine heftige Sehnsucht nach Brüssel, da mein erster Eindruck von der Stadt, in der wir von nun an leben würden, jener eines riesigen Trümmerhaufens war und ich mir die Frage stellte, warum wir überhaupt hierhergezogen waren. Während unser Adoptivvater intensiv mit dem Neuaufbau der materiellen Existenz beschäftigt war, vor allem sein Klaviergeschäft im Auge hatte und zumeist den ganzen Tag abwesend war, lag unsere Erziehung weitgehend in den Händen unserer Adoptivmutter. Nach und nach kamen Umstände und Fakten zutage, die die Harmonie, die wir in Brüssel

wahrzunehmen vermeint hatten, etwas brüchig erscheinen
ließen. Frau Loewe hatte im Grunde nur mich adoptieren
wollen, war aber von der Heimleitung vor die Wahl gestellt
worden, entweder beide Kinder oder eben keines aufzunehmen.
Sehr schnell hat meine Schwester gespürt, dass sie weniger
willkommen war, wenngleich sie vom Adoptivvater eher
bevorzugt wurde. Dies hat im Laufe der Zeit dazu geführt,
dass sie spürbaren Widerstand entwickelt hat, der sie später
richtiggehend rebellisch hat werden lassen, während ich lange
Zeit angepasst und fügsam geblieben bin. Unsere Adoptiv-
mutter hatte auch eine persönliche Vorgabe: sie wollte nicht
Adoptivmutter sein, sondern schlichtweg Mutter und als solche
angesehen und anerkannt werden. Sie war jedoch keineswegs
sanftmütig, verständnisvoll und nachsichtig, sondern streng,
autoritär und bisweilen auch unduldsam. Schon aus damali-
ger Sicht waren ihre Erziehungsmethoden alles andere als
„modern", sondern eher im Einklang mit jenen ihrer eigenen
Jugend. Zu ihrem Charakterbild zählte auch ihre unerschütter-
liche Überzeugung, immer richtig zu handeln, ihre Fähigkeit,
nicht den geringsten Selbstzweifel aufkommen zu lassen, ihr
Handeln nie infrage zu stellen. Sie hat auch nie eine professio-
nelle Beratung zu Fragen der Adoption in Anspruch genommen.
Die hartnäckige Weigerung, uns schon früh über unsere Ver-
gangenheit aufzuklären, war eine Leitlinie ihrer erzieherischen
Doktrin. Zu dieser Doktrin gehörte auch ihr Verhältnis zum
Judentum, das ebenso gestört war wie jenes ihres Mannes. Sie
hatten zwar in der Synagoge geheiratet, hatten geschworen,
bei Ende des Krieges ein jüdisches Kind aufzunehmen, aber im
Grunde waren ihnen Judentum, jüdische Religion, jüdische
Tradition fremd. Meines Erachtens trifft es nicht ganz zu, Alfred
Loewe als „verschämten Juden" – oder gemäß Jean-Paul Sartre
in seinen berühmten Überlegungen zur Judenfrage *(1954)*

als „unauthentischen Juden" – zu bezeichnen. *Er war total
assimiliert und die Frage der Religionszugehörigkeit hat ihn
nach dem Krieg nicht mehr tangiert, seine Frau stammte ja
aus einem katholischen Haus und der gemeinsame Austritt
aus der Israelitischen Kultusgemeinde war dann nur mehr
eine logische Folge. Auf diese Weise wurden meine Schwester
und ich ebenfalls vom Judentum ferngehalten, offiziell waren
wir „ohne religiöses Bekenntnis", somit war unsere Herkunft
im Grunde genommen ausradiert.*

*Über Juden, Judentum, Israel, die jüngere Vergangenheit
wurde im Haus der Adoptiveltern kaum gesprochen, das
waren alles keine Themen, über die wir diskutierten, nicht
einmal, nachdem meine Schwester nach Israel „verbannt"
worden war. Und wenn einmal das Gespräch einen „jüdischen Verlauf" nahm, dann war immer ein gewisses Unbehagen
spürbar. So betrachtet, war ich nicht nur ein verstecktes Kind
gewesen, sondern wurde auch ein versteckter Jude. Heute bin
ich zwar bewusster und bekennender Jude, habe aber keinen
Bezug zur jüdischen Religion, auch deshalb, weil ich nicht
Hebräisch kann und nicht religiös bin. Meine Kinder sind alle
getauft, meine Geschichte, die ihnen nicht ganz unbekannt ist,
hat sie nie zu intensiver Befragung angeregt. Meine jetzige Frau
Carole ist praktizierende Katholikin, was uns nicht hindert,
eine auf gegenseitiger Toleranz beruhende, glückliche Ehe zu
führen, die bereits mehr als dreißig Jahre andauert.*

*Zum Charakterbild meiner Adoptivmutter gehörte auch ihre
tiefe Überzeugung, stets im Interesse der Kinder zu handeln,
ihnen eine „heile Welt" zu erhalten. In Wirklichkeit führte
das ständige Beschützenwollen der Kinder zur Untergrabung
von deren Selbstständigkeit und Selbstwertgefühl. Eine her-
vorragende Analyse der von mir gelebten Situation bietet die
amerikanische Psychologin und Psychotherapeutin Susan*

Forward in ihrem Buch Vergiftete Kindheit. Elterliche Macht und ihre Folgen *(München, 1993), in dem sie von „giftigen Eltern" spricht, welche „statt eine gesunde Entwicklung zu fördern, diese oft unbewusst untergraben, häufig in dem Glauben, im Interesse des Kindes zu handeln". Nur zu oft habe ich die stereotype Aussage hören müssen „es geschieht alles zu deinem Besten". Ein stehender Satz des Adoptivvaters war, wenn ich ein Problem vertiefen wollte, „das verstehst du noch nicht, das wirst du später begreifen". Ende der Diskussion.*

Diese ungebrochene Haltung hatte nicht nur den Effekt, dass ich kaum noch Fragen stellte, sondern auch, dass kein Selbstwertgefühl, kein Selbstvertrauen in mir aufkam, um mich vom Einfluss der „Eltern" zu lösen. Es hat in der Tat viele Jahre gedauert, bis ich mich von meiner extremen Schüchternheit befreien konnte.

Trotz der sehr kritischen Darstellung der adoptivelterlichen Einstellung muss ich durchaus anerkennen, dass sie mir gegenüber auch äußerst großzügig sein konnten. Sie akzeptierten ohne Einspruch meinen Entschluss, dem absolvierten Dolmetscher- und Jusstudium noch jenes der Literaturwissenschaft anzuschließen, sowie aus reiner Bequemlichkeit bis zu meiner Eheschließung mit 28 Jahren bei ihnen wohnen zu bleiben, freilich gegen einen finanziellen Beitrag. Diese positive Seite hat jedoch ihr negatives Pendant. Nachdem ich in Paris über unser Schicksal aufgeklärt worden war, gewann ich bisweilen den Eindruck, dass Frau Loewe insgeheim die Adoption zu bedauern begann. Die Art und Weise, wie meine Schwester richtiggehend nach Israel abgeschoben worden war, zeugte offensichtlich von mangelnder Zuneigung und stand auch im Gegensatz zum Anspruch, nicht nur Adoptivmutter, sondern wirkliche Mutter sein zu wollen. Freilich kümmerte sie sich weiter um die „verstoßene Tochter", sie fuhr zwei-, dreimal nach Israel und unterstützte Rebecca auch finanziell. Aber viele Jahre später, nach dem Ableben von Alfred Loewe, habe ich anlässlich des letzten Besuchs meiner Schwester in Wien erlebt, wie hasserfüllt, wie erniedrigend und demütigend sie behandelt wurde, sodass es zum unvermeidlichen und definitiven Bruch kommen musste.

Und auch ich erlebte den finalen Liebesentzug. Als mein Adoptivvater auf seinen 90. Geburtstag zusteuerte, traten wiederholt sein Neffe Herbert Skopik und dessen Frau Margit – immer in meiner Abwesenheit – in der Hofstattgasse auf und argumentierten im Hinblick auf eine erhoffte Erbschaft mit dem Hinweis auf „Blutsverwandtschaft" (versus Adoption), worauf Alfred Loewe, die Strategie durchschauend, jeden Kontakt zu ihnen abbrach. Nach seinem Ableben traten sie nun mit dem gleichen Argument bei meiner Adoptivmutter auf, die sich dafür empfänglich zeigte. Im Alter von 91 Jahren hat sie, hinter meinem Rücken, einen notariellen Schenkungsvertrag unterzeichnet, mit dem sie alle Wertgegenstände der Wohnung (venezianischer Spiegel, Biedermeierkommode usw.) den Erbschleichern, die mit ihr keineswegs „blutsverwandt" waren, vermachte. Glücklicherweise hatte mein Adoptivvater mir zu seinen Lebzeiten den Inhalt seines Banksafes anvertraut.

Ich verstehe, dass man mir durchaus mit Recht vorwerfen kann, ein von subjektiver Befindlichkeit geprägtes Psychogramm unserer Adoptivmutter zu zeichnen und dabei die große und schwierige Aufgabe der Erziehung zweier Kinder aus den Augen zu verlieren, was keineswegs der Fall ist. Aber ein wenig ist diese Niederschrift auch so etwas wie eine Therapie, der ich mich unterziehe.

Der Weg zur Adoption ist detailliert nachvollziehbar:

In Brüssel

9. September 1946: Brief an Alfred Loewe von der Hilfsstelle für jüdische Kriegsopfer, in dem von einer aus Amerika eingelangten Antwort und einer abgeschlossenen Ermittlung die Rede ist, sowie die nun mögliche Aufnahme der Kinder, die sich derzeit im „Home de Duinbergen" (Ort an der Küste in der Nähe von Knokke) befinden. Dies ist nicht als Zusage einer möglichen späteren Adoption zu werten.

16. September 1946: Brief von „Tante Bronia" an Hedwig Loewe mit Übersendung der Lebensmittelkarten für die Kinder.

9. Oktober 1946: neuer Wohnsitz der Geschwister: Avenue Général Eisenhower 102.

15. Dezember 1946: Anfrage von Alfred Loewe, was unternommen werden muss, um als Vormund bestellt zu werden. Kinder sind „glücklich und anhänglich".

4. Februar 1947: Hilfsstelle für jüdische Kriegsopfer: Angabe der zu unternehmenden Schritte, um die Vormundschaft zu erlangen.

19. März 1947: Bestätigung der Deportation von Zlata Messinger und Chaim Grossmann.

30. Juni 1947: Brief an das Ministerium für Wiederaufbau mit dem Ersuchen um baldige Zusendung der Todeserklärungen der Eltern der beiden Kinder. Gleichzeitig Ankündigung der definitiven Ausreise aus Belgien.

19. Juli 1947: Offizielle Todeserklärung der Eltern.

11. August 1947: Beschluss und Genehmigung der Vormundschaft noch in Brüssel.

In Wien

9. April 1948: Beschluss über Adoption.

29. April 1948: Pflegschaftsbehördliche Genehmigung des Adoptionsvertrags, damit verbunden die Namensänderung von Grossmann auf Loewe.

18. Februar 1949: Ansuchen um Erteilung der Österreichischen Staatsbürgerschaft, gerichtet an das Magistratische Bezirksamt für den 4. Bezirk: „Die Kinder sehen in uns ihre Eltern und wissen nichts von dem tragischen Schicksal ihrer eigenen Eltern."

13. Juni 1949: Verleihung der österreichischen Staatsbürgerschaft.

Die Zusammenarbeit mit dem Historiker Rudolf Leo hat meinen Blick auf die vorhandenen Dokumente geschärft und hat dazu geführt, dass mir nun Umstände auffallen, die mir bislang entgangen sind. So stelle ich erst bei jetziger Aufarbeitung meiner Biografie fest, dass der Name Loewe schon auf meinen frühen Schulnachrichten und Zeugnissen figuriert. Sowohl mein Zeugnis der Brüsseler Volksschule (Ecole Primaire, Avenue Dailly 124) für das Jahr 1946/47 als auch Schulnachrichten des Lycée Français de Vienne für das Schuljahr 1948 tragen den Namen Loewe, also noch vor der Adoptionsbewilligung und der damit verbundenen offiziellen Namensänderung. Für mich ist erstaunlich, dass Schulleiter für ein amtliches Dokument wie ein Schulzeugnis einen Namen akzeptierten, der noch nicht behördlich genehmigt war. Ich vermute ein hartnäckiges Insistieren meiner späteren Adoptivmutter, die unter allen Umständen zu verhindern suchte, dass ich irgendwann mit dem Namen Grossmann identifiziert würde.

Am 10. Oktober 1957 trat Alfred Loewe in Wien aus der Israelitischen Kultusgemeinde aus.[45] Unklar bleibt, ob er diesen Schritt aus eigenem Antrieb oder auf Druck seiner Frau unternommen hat. Auch Siegfried wurde aus der Kultusgemeinde „ausgetragen". Darüber wurde er niemals informiert. Jahrzehnte später, im Jahr 2004, erfuhr er in der Kultusgemeinde, dass er nicht mehr Mitglied war. Hedwig Loewe hatte ihn einfach aus der Kartei streichen lassen. Für Siegfried ein weiterer, schwerer Vertrauensbruch seiner Adoptivmutter. Noch im selben Jahr trat er wieder in die Israelitische Kultusgemeinde ein.[46]

X. WIEN, JULI 1957

Im Jahr 1957 maturierte Siegfried Loewe in Wien und begann unmittelbar danach mit einem Dolmetsch-Studium. Im Gegensatz zu den Jahren im Gymnasium genoss Loewe das weltoffene Klima am Dolmetsch-Institut, dessen Direktor Wilhelm Matejka, der Bruder des kommunistischen Kulturstadtrats Viktor Matejka, war. Die Studenten kamen aus den unterschiedlichsten Ländern, waren offen und tolerant. Parallel zu diesem Studium inskribierte Siegfried an der Juridischen Fakultät. Die Arbeit als Übersetzer war dem jungen Absolventen zu wenig herausfordernd. In dieser Zeit fanden immer wieder Protestaktionen gegen ehemalige nationalsozialistische Professoren statt. Frühere Nationalsozialisten waren nach einer kurzen Pause des Berufsverbotes wieder im Amt und hielten Vorlesungen mit antisemitischen und antidemokratischen Untertönen. 1965 gab es mehrere Demonstrationen gegen den rechtsextremen Historiker Taras Borodajkewycz (1902–1984). Siegfried Loewe schrieb in einem Aufsatz aus dem Jahr 2002 zur Borodajkewycz-Affäre:

Taras Borodajkewycz, seines Zeichens Professor für Geschichte an der Hochschule für Welthandel, der Vorläuferin der heutigen Wirtschaftsuniversität, hatte 1965 begonnen, seine Vorlesungen – unter zustimmenden Zurufen eines Teils seiner Hörerschaft – mit antisemitischen und neonazistischen Bemerkungen zu „würzen" und hatte hierbei besonders Hans Kelsen, den Baumeister der österreichischen Verfassung, attackiert, der wegen seiner jüdischen Herkunft 1938 Europa Richtung Amerika verlassen hatte und seither in den Vereinigten Staaten, zuletzt in Berkeley, lehrte. Borodajkewycz selbst war bereits vor dem Anschluss Österreichs an Deutschland der NSDAP beigetreten und hatte nach dem Krieg beste Kontakte zu kirchlichen Kreisen und zur ÖVP behalten. Dem ÖVP-Unterrichtsminister Heinrich Drimmel verdankte er auch 1954 seine Wiedereinsetzung als Hochschullehrer. (...) Tatsächlich wurde Borodajkewycz vom ÖVP-Unterrichtsminister Theodor Piffl-Percevic auch dann noch nicht suspendiert, als es im Zuge der gegen ihn gerichteten Demonstrationen zu Gewaltausschreitungen kam, die ein Todesopfer forderten: Am 31. März 1965 wurde Ernst Kirchweger, KP-Mitglied, Spanien-Kämpfer und Antifaschist, von einem Neonazi regelrecht erschlagen.[47] Erst 1966 wurde der Welthandelsprofessor bei vollen Bezügen zwangspensioniert.[48]

1965 schloss Siegfried Loewe sein Studium der Rechtswissenschaften ab. Loewe wollte allerdings weder Richter noch Rechtsanwalt werden. Seine Leidenschaft galt der Literaturgeschichte und der Philosophie. Schon bald erhielt er eine Assistentenstelle an der Universität Wien: Professor Georg Rabuse engagierte den jungen Jus-Absolventen als Mitarbeiter. Das Einstellungsgespräch verlief kurz und formlos. Rabuse zu Loewe: „Sind Sie katholisch?" – Loewe: „Nein." – Rabuse: „Sind Sie protestantisch?" – Loewe: „Nein." – Rabuse: „Ah, Sie sind gottgläubig[49]."
Auch Rabuse (1910–1976, Romanist und Literaturwissenschaftler) war als ehemaliger Nationalsozialist bekannt, hatte von 1929 bis 1935 in Wien, Innsbruck, Halle/Saale und Paris studiert und war Lektor und Referendar in Innsbruck gewesen. Als NSDAP-Mitglied ging er im Juli 1940 an das neu gegründete „Deutsche Institut" in Paris, dem kulturpolitischen Arm der Botschaft und Propagandainstitut der

Nationalsozialisten. Ab Februar 1942 war er stellvertretender Direktor. Als solcher gehörte er nach dem Krieg zu den „schwer Belasteten", was jedoch kein Hinderungsgrund war, eine Professur an der Wirtschaftsuniversität in Wien zu erhalten.[50] Jahre hindurch war er mit einem Einreiseverbot nach Frankreich belegt. Er galt als enger Freund von Taras Borodajkewycz, war aber Siegfried Loewe gegenüber freundlich und wurde von ihm als angenehmer Chef empfunden. Loewe beschreibt seinen Vorgesetzten in einem Aufsatz aus dem Jahr 2002 durchaus wertschätzend:

Ich habe Georg Rabuse von seiner Berufung an das Institut für Romanische Philologie zuerst als Lehrer, nach meiner Anstellung als wissenschaftlicher Mitarbeiter als Vorgesetzten bis zu seiner Emeritierung erlebt. Niemals ist in seinen Vorlesungen, Seminaren oder privaten Gesprächen etwas von dem Geist durchgeklungen, der seine kleineren und größeren Aufsätze der Kriegsjahre kennzeichnet. Diese Arbeiten, in denen er sich als Werkzeug der nationalsozialistischen Propaganda und wohl auch der Zensur betätigt, hat er seinen Schülern gegenüber verschwiegen, im sicheren Gefühl, kein Verständnis dafür erwarten zu können. Aber in den Sechzigerjahren hatte der Mensch, der Lehrer und Forscher Rabuse mit dem Mann auf jenem Foto[51], das ihn für immer brandmarkt, nicht mehr viel gemein. Unausgesprochen wussten wir oder wusste ich, dass er etwas verbarg, was er gerne losgeworden wäre. Und umgekehrt wusste er, dass ich oder wir gerne etwas erführen, was er preiszugeben nicht in der Lage war. Im Rückblick, mehr als fünfundzwanzig Jahre nach seinem Ableben, kann gesagt werden, dass die in seiner Lehrtätigkeit dokumentierte profunde Kenntnis der französischen Literatur und des französischen Geisteslebens und seine unzweideutig positive Einstellung zu Frankreich einen krassen und kaum nachvollziehbaren Gegensatz zu den erwähnten Schriften darstellen. Niemals hat er auch nur die geringste Andeutung gemacht, die auf ein Fortleben seiner früheren Überzeugung hingedeutet hätte. Anders als bei Borodajkewycz kann auch der Hellhörigste von ihm nie eine Bemerkung registriert haben, die auch nur im Entferntesten als nazistisch und antisemitisch interpretiert hätte werden können. Nicht von den damaligen Philologen, sondern von ihm habe ich zum ersten Mal den Namen der Jüdin Elise Richter[52] vernommen, von deren wissenschaftlichen Leistungen er mit allergrößtem Respekt sprach und deren Schicksal er stets mit Betroffenheit erwähnte. In einem von ihm geleiteten Seminar über französische Lyrik verwies er mit aufrichtiger Bewunderung auf die exemplarischen Arbeiten und Interpretationen von Leo Spitzer und auch Erich Auerbachs Mimesis *gehörten zu den immer wieder zitierten Grundwerken unserer Disziplin. Beim Versuch, das Psychogramm einer Person nachzuzeichnen, der man letztlich mehr an der Universität als im privaten Rahmen begegnete, obwohl er ein offenes Haus hatte und ein großzügiger und heiterer Gastgeber war, können nur subjektive Eindrücke wiedergegeben werden. Natürlich war er von seiner gesamten Einstellung her ein konservativer, im Katholizismus verwurzelter Mensch, der allen Anflügen linker Ideologie, auch der marxistischen Literaturkritik, skeptisch bis ablehnend gegenüberstand, was ihn wiederum nicht gehindert hat, eine prononciert marxistische Forscherin wie Rita Schober nach Wien einzuladen und die Bedeutung ihrer Arbeiten sehr positiv hervorzukehren. Mit einem Engagement während der nationalsozialistischen Ära hatte er nicht nur nach außen hin, sondern auch innerlich gebrochen,* hatte wohl die Irrungen dieser Ideologie eingesehen. Aber er litt an seiner Vergangenheit und diese belastete ihn schwer, nicht nur, weil er berufliche Nachteile hatte hinnehmen müssen, sondern weil er sich von einem Schuldkomplex nie hat ganz freimachen können. Sein Forschungsschwerpunkt war nach dem Krieg Italianistik, die Dante-Forschung geworden, aber seine durch eigenes Verschulden unerwiderte Liebe galt auch Frankreich und der französischen Geisteswelt. Seine Kenntnis des französischen Schrifttums zur Literatur, von Gaston Paris über Daniel Mornet bis zu Maurice Magendie und vielen anderen, war eindrucksvoll und hätte ihn wahrscheinlich zu eigener Forschung angeregt. Zum Unterschied zu anderen „belasteten" Hochschullehrern ist er nach dem Krieg aber nicht einfach zur Tagesordnung übergegangen, um dort fortzufahren, wo er im Institut Allemand aufgehört hat, sondern hat an seiner Vergangenheit so gelitten, dass er manchen seiner ehemaligen Schüler und auch mir als ein Leidender in Erinnerung geblieben ist.[53]

XI. BRÜSSEL, JUNI 1960

Im Juni 1960 reiste Hedwig Loewe mit Siegfried zur Hochzeit von Harry nach Brüssel. Offiziell handelte es sich um die Hochzeit eines Freundes der Familie, der seine Eltern verloren hatte. Siegfried und Rebecca Loewe wussten noch nichts über die wahre Identität des Bräutigams. Am 12. Juni 1960 fand die Hochzeit von Harry Grossmann und Lucienne Buki statt. Es war eine jüdische Hochzeit mit vielen Gästen. Ein Foto zeigt das strahlende Hochzeitspaar, sie in einem weißen Brautkleid, er mit schwarzer Fliege und schwarzem Anzug in einem eleganten Wagen. Sie lacht direkt in die Kamera, sein Blick ist bewundernd auf sie gerichtet. Ein glückliches Paar.

Harry hatte eine schwere Kindheit, über die er niemals gesprochen hat. Sein Bruder vermutete später, dass er die Kriegsjahre in einer Strafanstalt verbringen musste. Die Erlebnisse als Kind unter der deutschen Besatzung haben ihn schwer geprägt und traumatisiert. Mit Deutschen oder Österreichern wollte er sein Leben lang nichts zu tun haben. Deutschland hat Harry nur ein einziges Mal beruflich besucht, nach Wien kam er nur, um Siegfried und Rebecca zu sehen. Nach dem Abschluss der Schulzeit begann er eine Ausbildung als Radiotechniker und eine kaufmännische Lehre, wurde Verkäufer in einem renommierten Schallplattengeschäft in Brüssel. 1956 wechselte er als Geschäftsführer zur Firma Rossel, einem führenden Medienkonzern in der Rue Royale, wo er bis zu seiner Pensionierung tätig war.

Über das Leben der Braut kann berichtet werden, dass auch in ihrer Familie der Holocaust tiefe Spuren hinterlassen hat. Der Vater von Lucienne, Michel Buki, geboren am 21. Juni

1895 in Piotrkow, wurde am 31. Juli 1943 nach Auschwitz deportiert – drei Monate vor der Deportation der Mutter des Bräutigams, Zlata Grossmann, und ebenfalls mit dem 21. Transport vom SS-Sammellager Mechelen. In diesem

Harry Grossman und seine Frau, 1960 © Privat

Transport befanden sich 664 Männer, 681 Frauen und 208 Kinder. Überlebt haben 20 Männer, 19 Frauen und ein Kind. Michel Buki wurde am 2. August 1943 im Konzentrationslager Auschwitz interniert. Über sein weiteres Schicksal ist in der Gedenkstätte Auschwitz-Birkenau nichts dokumentiert.[54] Die Familie hat nie wieder etwas von ihm gehört.

Was für eine versäumte Gelegenheit, uns endlich mit der Wirklichkeit zu konfrontieren und mich über die wahren Familienbande aufzuklären. Natürlich war mir bewusst, dass es tiefere Gründe für diese Fahrt geben musste, meine Naivität hatte ihre Grenzen erreicht, aber auf meine insistierenden Fragen kamen wiederum nur ausweichende und doch plausible Antworten, die ich im Grunde schon kannte: Harry habe seine Eltern im Krieg verloren, er habe eine schwierige Jugendzeit erlebt, das Ehepaar Loewe habe sich sehr um ihn gekümmert und so sei es nur zu verständlich, bei seiner Hochzeit anwesend zu sein. Ahnte ich damals bereits, dass Harry mein Bruder war, wie er in einem seiner Briefe geschrieben hatte? Vielleicht, aber weiteres Schweigen war angesagt. Natürlich haben wir später ausgiebig über diese sehr eigenartige Situation gesprochen, Harry hatte sich verpflichtet gefühlt, das Abkommen einzuhalten, demzufolge uns die Realität erst mit der Volljährigkeit Rebeccas eröffnet werden sollte, wozu es jedoch nicht mehr gekommen ist. Die zwei, drei in Brüssel verbrachten Tage verliefen durchaus harmonisch in freundlicher Atmosphäre. Ich erinnere mich sehr gut, dass ich auf der Rückreise einiges über Harrys Zugehörigkeit zum Judentum wissen wollte, und auch da blieben die Antworten vage. In Wien angekommen, war die Hochzeit nur mehr ein Thema am Rande. Ich habe mir später oft die Frage gestellt, warum das „Geheimnis" so lange gewahrt werden musste, warum ich

nicht für fähig gehalten wurde, mit der Realität fertigzu-
werden. *Viele Jahre später sagte meine Adoptivmutter einmal, sie hätten früher die Wahrheit aufdecken sollen. Für
mich blieb der Umstand, dass sie diese Wahrheit eben nicht
aufgedeckt hatten, dass ich es war, der unvorbereitet das Netz
von Lügen und Halbwahrheiten zerrissen habe.*

XII. PARIS, OKTOBER 1961

Im Jahr 1961 bekam Siegfried Loewe ein Semesterstipendium für französische Literatur an der Sorbonne in Paris. Die dafür notwendigen Dokumente wurden vorsorglich von Hedwig Loewe direkt an der Universität in Paris eingereicht.

Siegfried Loewe in Paris, 1961 © Privat

Siegfried hatte die Unterlagen bis zu diesem Zeitpunkt nie zu Gesicht bekommen. In der Studienabteilung erhielt er die Abschriften seiner Geburtsurkunde und weitere Dokumente ausgehändigt. Bei der Durchsicht dieser Papiere brach für ihn eine Welt zusammen: Er erfuhr plötzlich, dass sein ursprünglicher Name „Grossmann" und nicht „Loewe" lautete. Damit war klar, dass auch seine Schwester eine gebürtige „Grossmann" sein musste. Für ihn war diese Erkenntnis ein großer, tiefgreifender Schock. Siegfried blieb ein weiteres Semester in Paris und kehrte schließlich zum Studienabschluss nach Wien zurück. Nachdem das Geheimnis endlich gelüftet war, fuhr er 1962 für drei Monate nach Israel, um seine Schwester zu besuchen und in zwei Kibuzzim zu arbeiten.

Aus den Dokumenten der Stipendienstelle der Universität wurde auch ersichtlich, dass Harry Grossmann nicht ein „Freund" der Familie, sondern der Bruder war, an dessen Hochzeit Siegfried ein Jahr zuvor teilgenommen hatte. Siegfried Loewe wird dies Jahrzehnte später in einem einzigen Satz zusammenfassen: „Frau Loewe hatte einen schweren Vertrauensbruch begangen, sie hatte uns belogen und betrogen und eine ganze Familie zerstört."

Im Jahr 1961 hatte ich ein viermonatiges Stipendium nach Frankreich erhalten, um am Pariser Übersetzer- und Dolmetscherinstitut, welches an die Sorbonne angeschlossen war, mein Wiener Studium intensivieren zu können. Zu jener Zeit war die französische Regierung mit Stipendien äußerst großzügig, was aber nicht hieß, dass nicht entsprechende Leistungen gefordert waren. Ich fuhr also Anfang Oktober beschwingt und voll freudiger Erwartung in die Stadt, die ich seit meinem ersten Aufenthalt als 17-Jähriger bereits kennen- und lieben

*gelernt hatte. Das Stipendium war mit 400 Francs dotiert,
was damals ungefähr 1.000 Schilling entsprach, 130 Francs
betrug die monatliche Miete für die Unterkunft, mit den ver-
bleibenden 270 Francs konnte man zwar keine großen Sprünge
machen, aber doch ganz gut auskommen, vor allem wenn
man bedenkt, dass man für ein Mittagessen in einer der zahlreichen Mensen gerade einmal einen Franc bezahlen musste.
Ich hatte auch mit der Unterkunft großes Glück. Ich wurde
im Hotel Select mitten im Studentenviertel Quartier Latin
einquartiert: 1 Place de la Sorbonne. Zu den Vorlesungen und
Übungen hatte ich eine Wegzeit von knapp fünf Minuten.
Außerdem konnte ich als politisch Interessierter in diesen
Monaten, praktisch von meinem Hotelzimmer aus, die häufi-
gen, meist von linksorientierten Studierenden organisierten
Demonstrationen in der Endphase des Algerienkriegs beobachten, die gegen die rechtsextreme, terroristische, die sich
abzeichnende Unabhängigkeit Algeriens bekämpfende OAS
(Organisation der geheimen Armee) gerichtet waren, allerdings auch die gelegentliche Brutalität der Polizei, die mitunter
nicht zögerte, die Demonstrationen mit Gewalt aufzulösen
und Teilnehmer niederzuknüppeln. Für mich war jedenfalls
alles bereitet für eine schöne, nur auf das Studium gerichtete
Zeit, bis das total Unerwartete – bedingt durch die erforderlichen Verwaltungsschritte – eintrat.
Wie alle Stipendiaten musste auch ich mich bei der Stipendienstelle melden, um einige Formalitäten zu erledigen. Nachdem
ich mich vorgestellt hatte, händigte man mir etliche Papiere
aus, die mich buchstäblich erstarren ließen. Es handelte sich
um die französische Übersetzung des Adoptionsvertrags, den
Staatsbürgernachweis und die Kopie meiner Geburtsurkunde;
Dokumente, die ich nie zu Gesicht bekommen hatte, die für
die Stipendienvergabe erforderlich gewesen waren und die*

von meiner Adoptivmutter, ohne mein Zutun und ohne mich zu informieren, eingereicht worden waren. Es fehlen mir auch heute noch die Worte, um meine Reaktion zu beschreiben. Es war ein tiefer Schock, ich verspürte einen Schwächeanfall und konnte mich kaum auf den Beinen halten. Ich empfand eine unendliche Einsamkeit, tagelang verfolgte mich das Trauma, plötzlich mit einer anderen Identität konfrontiert, in gewisser Weise ein anderer Mensch zu sein. Jedenfalls hatte sich ein Schleier gelichtet, mein Geburtsname war nicht Loewe, sondern Grossmann und ich kannte ja einen Grossmann, der in Brüssel lebte, wo meine Schwester und ich geboren waren. Aber das gesamte Ausmaß der Enthüllungen war noch gar nicht greifbar; Harry war also mehr als ein „Freund der Familie" und wer waren meine wirklichen Eltern? Natürlich war aus diesen Unterlagen nicht ersichtlich, dass ich Jude war. Dies alles erforderte weitere Klärung.

Zu diesem Zweck schrieb ich nach Wien und teilte mit, dass ich während der Weihnachtsferien nicht nach Hause fahren könne, weil etwas Wichtiges vorgefallen sei, und dass ich die Adoptiveltern ersuche, zwischen Weihnachten und Neujahr nach Paris zu kommen, was sie auch taten. In ihrem Hotel hatten wir am Abend eine lange und entscheidende Aussprache, in der die Karten auf den Tisch gelegt wurden. Mir wurde offenbart, dass Harry tatsächlich mein Bruder sei, dass sie uns aus Liebe und Zuneigung adoptiert hätten, dass sie vieles hatten verschweigen müssen, um uns nicht zu traumatisieren, dass alle Welt sie bewundere, dass sie nur unser Bestes gewollt hätten und dass sie mein ganzes Verständnis und meine tiefe Dankbarkeit für ihr Handeln erwarteten. Es tat sich jedoch eine tiefe Kluft auf, ich war einfach nicht in der Lage, der Dankbarkeitserwartung der Adoptivmutter zu entsprechen, sondern für mich stand die unwürdige Geheimniswahrung im Vorder-

grund, ich empfand eine unermessliche Frustration über das mir jahrelang Vorenthaltene. Sie konnten mir auch keine schlüssige Antwort über meine Eltern geben, weil sie keine Nachforschungen angestellt hatten. Das Einzige, was ich erfuhr, waren die Fakten über deren Deportation und Ermordung und dass die Familie Grossmann jüdisch sei. Der Abend endete frostig.

Es sollte ein noch frostigerer Abend folgen. Wir fuhren zu dritt am nächsten Tag nach Brüssel, wo wir bei Harry, den ich nun erstmals als Bruder begrüßen konnte, und Lucienne, ab nun meine Schwägerin, eingeladen waren, die ein richtiges Festmahl vorbereitet hatte, dem aber kaum zugesprochen wurde. Natürlich sollte die Vergangenheit aufgearbeitet werden, allerdings prallten wieder die alten Gegensätze – das Verschweigen und die Forderung nach Enthüllung – aufeinander. Meine Adoptivmutter geriet völlig außer sich, wurde beinahe hysterisch, weil sie sich keine Versäumnisse vorwerfen ließ und weil weder Harry noch ich imstande waren, jene unterwürfige Dankbarkeitshaltung einzunehmen, die sie erwartete. Gekränkt, beleidigt, frustriert fuhr sie am nächsten Tag allein zu einer Bekannten nach Holland, während mein Adoptivvater, der sich in der Debatte sehr zurückhaltend verhalten hatte, mit mir durch Brüssel zog und mir die einzelnen Stadtteile zeigte, wo Juden – also auch meine Eltern – sich vorwiegend niedergelassen hatten. Am 30. Dezember fuhren die Eheleute Loewe nach einer Scheinversöhnung nach Wien zurück, während ich in Brüssel blieb und mit meiner neu gefundenen Familie Sylvester feierte.

Ich schloss das Pariser Semester Ende Jänner ab, sah mich aber angesichts der neuen Umstände außerstande, nach Wien zurückzukehren. Ich blieb in Paris, suchte und fand ein erschwingliches Zimmer in einer schönen Gegend und eine

Halbtagsanstellung als Sekretär bei einer anerkannten Übersetzerin. Ich setzte mein Studium fort, absolvierte die Prüfungen und fuhr in die gemeinsamen Sommerferien mit Harry und Lucienne nach Capri. Anschließend erfolgte die Rückkehr nach Wien und das Eintauchen in einen nunmehr beiderseits von Kompromissen getragenen Alltag. Ich wäre auch nicht imstande gewesen, trotz der neuen Situation, die zugegebenermaßen auch für die Adoptiveltern extrem schwierig war, diese zu verlassen.

Mir ist durchaus bewusst, dass meine Darstellung des Verhältnisses zu den Adoptiveltern als extrem subjektiv, als unsensibel und undankbar betrachtet werden kann, dass der Fokus auf die generell positiven Seiten der Adoption gelegt werden müsste, aber für mich bleibt der Umstand vordergründig, dass die autoritäre und ohne Selbstkritik und Selbstzweifel eingenommene Haltung dazu geführt hat, dass unsere Familienbande lange Zeit unsichtbar waren und zum Teil geblieben sind. Harry lebte in Brüssel, ich in Wien und Rebecca seit 1960 in Israel. Zur eigentlichen Problematik unserer Adoption komme ich an anderer Stelle noch ausführlich zu Wort.

Man sollte meinen, dass die endlich erfolgten Enthüllungen mich dazu motiviert hätten, intensive Nachforschungen anzustellen. Erstaunlicherweise war das nicht der Fall. Im Grunde wollte ich mit den tragischen Ereignissen der Vergangenheit nicht andauernd konfrontiert werden, es fiel mir einfach schwer, mich plötzlich zu meiner Herkunft zu bekennen. Wahrscheinlich wollte ich die Adoptiveltern nicht brüskieren, vielleicht spielte auch die Begegnung mit meiner ersten Ehefrau eine Rolle, der gegenüber ich nicht als permanent Suchender erscheinen wollte, genau kann ich die Gründe meiner Lethargie heute nicht mehr erklären. Auch Harry *hatte keine intensiven Nachforschungen angestellt, wir waren mit unserer gegenwärtigen neuen Situation zufrieden. Kaum wage ich es zu gestehen, aber es sollten 25 Jahre vergehen, bis ich den Drang verspürte, Genaueres über die Familie Grossmann in Erfahrung zu bringen. Und plötzlich öffneten sich in Belgien alle Türen. Da meine Aufenthalte in Brüssel immer nur von relativ kurzer Dauer waren, sprach ich meistens unangemeldet in den jeweiligen Dienststellen vor. Im Standesamt des Wohnbezirks meiner Eltern, im Museum von Mechelen, wo man mir die wenigen Habseligkeiten meiner Mutter aushändigen wollte, in der Bibliothek des Königshauses, in der Verwaltung des Friedhofs von Evere, wo mein Bruder Max beerdigt worden war, gab es überall größtes Verständnis und ebenso große Bereitschaft, mir vorhandene Dokumente zur Verfügung zu stellen. Eine besondere Erwähnung verdient Louis-Philippe Arnhem, der Leiter der Fremdenpolizei, dem ich persönlich nie begegnet bin, mit dem ich nur telefonischen Kontakt und E-Mail-Austausch hatte, der mir auf mein Ersuchen alle fremdenpolizeilichen Dokumente, die meine Eltern und uns Kinder betrafen, bereitwilligst zugesandt hat.*

Es gibt eine Person, die mich bei all meinen Bemühungen, der Vergangenheit nachzuspüren, stets mit viel Verständnis unterstützt hat, und dies ist meine zweite Ehefrau Carole (Faux). Bei allen Reisen – Brüssel, Mechelen, Krakau, Auschwitz, Israel – war sie immer an meiner Seite und mit mir solidarisch. Mit ihr habe ich erlebt, was ich in meiner ersten Ehe schmerzlich vermisst habe, nämlich wirkliche Empathie. Carole ist zutiefst religiös, hat aber immer das Verhältnis zwischen Judentum und Christentum im Auge. Ich kann meine Dankbarkeit Carole gegenüber kaum in Worte fassen.

XIII. WIEN, SEPTEMBER 1967

Siegfried Loewe lebte bis zu seinem 28. Lebensjahr in der gemeinsamen Wohnung der Loewes im 18. Wiener Gemeindebezirk, in der Hofstattgasse 23. Das klassizistische, viergeschossige Gründerzeithaus wurde 1904 vom berühmten Architekten Jakob Modern errichtet.[55] Am 29. September 1967 schlossen Siegfried, damals wissenschaftlicher Assistent an der Universität Wien, und Birgit Maria Czurda, Bibliothekarin, die Ehe.[56] Es war eine sehr kleine Hochzeitsfeier mit rund zehn Personen am Standesamt in Wien-Währing. Von den Eltern der Braut war niemand anwesend. Hedwig und Alfred Loewe schenkten dem Brautpaar ein hochwertiges Silberbesteck. Die Hochzeitsreise führte nach Gutenstein. Aus dieser Ehe stammen drei Kinder: Robert Loewe, geboren am 23. April 1968, Christian Loewe, 29. März 1971 und Susanne Barrios (geborene Loewe), 29. Mai 1978. Alle drei sind beruflich erfolgreich und leben in Wien.

Es war eine Ehe mit vielen Hindernissen. Schon als Siegfried bei den Eltern der künftigen Braut vorsprach, um einen Heiratsantrag zu stellen, wurde er kurzerhand hinauskomplimentiert. Birgits Vater, Dr. med. Otto Wilhelm Czurda, war ein aggressiver Antisemit. Seine Botschaft war unmissverständlich: „Kein Jude im Hause Czurda!" Otto Czurda hing immer noch der Ideologie des Nationalsozialismus an.

Es war ein etwas regnerischer Samstag oder Sonntag im Frühjahr 1967, als ich nach langem Zögern endlich bei den Eltern meiner Noch-Freundin vorsprach, um offiziell um die Hand ihrer Tochter anzuhalten. Ich wusste, dass es kein leichtes Unterfangen werden würde, weil ich über die politischen und ideologischen Ansichten von Ingrid und Otto Czurda infor-

miert und vorgewarnt war. Aber mir ging es darum, mit meinen,
wie ich meinte, künftigen Schwiegereltern ein harmonisches
Ambiente herzustellen und vielleicht sogar einen Heirats-
termin festzulegen. So machte ich mich gut gekleidet und
beschwingt auf den Weg. Was mich jedoch erwartete, spottet
jeder Beschreibung. Ich wurde mit unverhohlener Unfreund-
lichkeit, ja Feindseligkeit empfangen und sofort mit heftigsten
und realitätsfernen Vorwürfen konfrontiert: Ich sei mit Birgit
einige Male ins Konzert und ins Theater gegangen, ohne ihre
Eltern um Erlaubnis zu bitten, ich hätte hinter deren Rücken
agiert, ich sei hinterhältig, nicht vertrauenswürdig usw. Zu
einem echten Dialog kam es nicht, Herr Czurda stellte mir
Fragen, auf die ich nur mit ja oder nein antworten sollte,
sobald ich etwas erklären oder erläutern wollte, unterbrach er
mich mit einem „ja oder nein", sodass ich beinahe versucht
war, ihm zu sagen, ich sei nicht bei der Gestapo. Sie unter-
nahmen nicht den geringsten Versuch, mich kennenzulernen
oder mein Verhältnis zu ihrer Tochter, die übrigens unserem
„Gespräch" nicht beiwohnen durfte, zu hinterfragen, sie
gaben sich vielmehr völlig ihren rassistischen und antisemi-
tischen Vorurteilen hin und die Vorstellung endete mit einem
hochkantigen Hinauswurf. Immerhin gelang es mir noch den
Satz anzubringen: „Ob wir heiraten werden, hängt zu 50 Pro-
zent von Ihrer Tochter und zu 50 Prozent von mir ab." Nach
dieser Begegnung war Birgit und mir klar, dass wir die
Zustimmung ihrer Eltern niemals erhalten würden, weshalb
wir uns zu einer anderen Strategie entschlossen. Aber es war
nicht das letzte Mal, dass mir der Antisemitismus der Familie
Czurda ins Gesicht schlagen sollte.

Otto Czurda war bereits am 5. Dezember 1933 der damals
illegalen SA beigetreten. Im Stammblatt aus dem Jahr 1941

beurteilte ihn der Kreispersonalamtsleiter der NSDAP folgendermaßen:

*Parteigenosse Dr. Otto Czurda ist politisch verläßlich und
moralisch einwandfrei. Genannter war während der Ver-
botszeit in der SA aktiv tätig und hat sich immer als Nationalsozialist bekannt.*[57]

Nach dem Krieg wollte Czurda, wie viele seiner Partei-
kollegen in Österreich, nichts mehr von dieser illegalen
Mitgliedschaft wissen. Czurda in seinem Gesuch um Befreiung von der Registrierungspflicht im Oktober 1945:

*Bis zum Umbruch im März 1938 habe ich weder der NSDAP
noch einer ihrer Gliederungen, noch einer getarnten n.s.
Einrichtung angehört, an keine Einrichtung Mitglieds-
beiträge oder Unterstützungen gezahlt und an keiner Ver-
sammlung, Kundgebung oder politischen Aktion der NSDAP
teilgenommen ...*[58]

Diese Verteidigungsstrategie, die in der Nachkriegszeit zahlreiche österreichische Nationalsozialisten erfolgreich ange-
wandt hatten, funktionierte auch im Fall Dr. Czurda. Das
Berufsverbot gegen ihn wurde 1948 vom Bundesministerium
für Soziales aufgehoben, er durfte seinen Beruf als Arzt wieder
aufnehmen.[59]

Judenfeindlichkeit und die deutlich wahrnehmbare Sympathie für den Nationalsozialismus waren in der Familie
Czurda für Siegfried Loewe ständig spürbar. Auch der
Bruder seiner Frau entpuppte sich als Antisemit. Er genoss
es, in Anwesenheit von Siegfried ständig jüdische Witze zu
erzählen. Nach durchaus glücklichen Jahren geriet die Ehe
Mitte der 1980er-Jahre in eine unüberwindbare Krise.
Siegfried und Birgit Loewe lebten sich auseinander. Das
politische und geistige Milieu in der Familie seiner Frau
wurde immer mehr zur Belastung und zum Problem. Für

Walter Reder (im weißen Anzug) bei einem Familientreffen © Privat

Siegfried Loewe wurde allmählich klar, in welche Familie er eingeheiratet hatte. Seine Schwägerin Barbara Czurda (geborene Ruth, Jahrgang 1943) stellte sich als Nichte des Kriegsverbrechers Walter Reder heraus. Sie kümmerte sich regelmäßig und aufopfernd um den Onkel, der zu dieser Zeit eine lebenslange Haft in Italien verbüßte.

Die Frage, die sich in diesem Zusammenhang stellt, ist jene nach der Verbindung meiner Geschichte mit jener des in meinen Augen eindeutig als Kriegsverbrecher zu bezeichnenden Walter Reder. Im Laufe der Jahre erfuhr ich, dass meine damalige Schwägerin Barbara Czurda die Nichte von Walter Reder war und jedes Jahr nach Gaeta fuhr, um ihren Onkel in seiner Festung zu besuchen. Dass sie darüber hinaus auch eifrig bei Regierung und Bundespräsident intervenierte, ist aus ihrer Sicht durchaus verständlich und nachvollziehbar.

Von ihren Besuchen kam sie regelmäßig mit einer Fülle von „Geschenken" zurück, vornehmlich Lebensmittel in Form von Dosen und Konserven, die Offizierswitwen und andere ehemalige Nazis nach Gaeta schickten. Mir ist eine Szene in Erinnerung, in der meine damalige Schwiegermutter Ingrid Czurda, der verschiedentlich solche Konserven weitergegeben wurden, Reder euphorisch „meinen Ernährer" nannte. Bald wurde klar, dass Walter Reder freigelassen und nach Österreich ausreisen würde. Seine Ankunft in Graz wurde im österreichischen Fernsehen direkt übertragen und meine Noch-Gattin, unsere Söhne und ich sahen uns die Übertragung an. Zutiefst geschockt war ich einerseits vom Empfang durch den österreichischen Verteidigungsminister, aber vor allem durch die Weigerung meiner Frau, das Wort „Kriegsverbrecher" auszusprechen, dies ein Jahr vor unserer Trennung.

Die Geschichte hat noch eine Fortsetzung. Walter Reder war in der Familie Czurda sehr willkommen, schließlich hatte er außer seiner Nichte keine Familie. Daher gab es manche Familienfeste mit ihm. Was mich jedoch zutiefst empört und erschüttert hat, das war die Teilnahme meiner inzwischen Ex-Gattin, die die Erziehungsgewalt über unsere Kinder hatte, sie zu diesen Festen mitnahm und duldete, dass man ihnen „Onkel Walter" vorstellte. Ein Foto, das mir meine Tochter zur Verfügung gestellt hat, zeigt ein derartiges Familienfest anlässlich des 60. Geburtstages von Ingrid Czurda. Auf diesem Foto ist Walter Reder allerdings relativ isoliert, meine Söhne sind weit von ihm entfernt, meine Tochter nur unfreiwillig in relativer Nähe. Trotzdem hat mich lange die Frage bewegt, wie ich als verstecktes, gerettetes jüdisches Kind in diese Verstrickungen geraten konnte und wieso meine Ex-Frau, mit der ich immerhin 17 Jahre verheiratet gewesen war, so wenig Sensibilität zeigen konnte.

XIV. RÜCKBLICK:
MARZABOTTO, SEPTEMBER 1944

Am Abend des 28. September 1944 – die amerikanischen Truppen standen nur noch sechs Kilometer vor Marzabotto, einem kleinen italienischen Dorf in der Nähe von Bologna – umstellten Soldaten der 16. SS-Panzerdivision „Reichsführer SS" unter dem Kommando von Walter Reder die Ortschaft. Ziel war die Bekämpfung der „Partisanen" in der Gegend. Drei Tage lang ermordeten die deutschen SS-Männer mit Unterstützung lokaler Faschisten die Zivilbevölkerung der Region. Wie groß die Anzahl der Opfer exakt war, lässt sich nicht mehr klären. Laut Militärgerichtsurteil gegen den Verantwortlichen dieses Einsatzes, Walter Reder, waren es rund 3.000 Zivilisten. Der Name Walter Reder steht paradigmatisch für den schlampigen Umgang der österreichischen Nachkriegsgeneration mit Kriegsverbrechern. Reder wurde am 4. Februar 1915 im sudetendeutschen Ort Freiwaldau (heute Jesenik) geboren. Bei seinen Eltern, der Vater war ein gescheiterter Kaufmann, wuchs Reder in Wien und später in Steyr auf, wo er die Volksschule und das Realgymnasium absolvierte. Einen Matura-Abschluss schaffte er nicht. Bereits 1932 trat der damals 17-Jährige der SS bei. Nach dem Abschluss der SS-Junkerschule im Jahr 1936 in Deutschland kam er zur 1. SS-Totenkopf-Standarte „Oberbayern". Diese war in Dachau stationiert und stellte unter anderem das Bewachungspersonal im dortigen Konzentrationslager. Bei Kriegsbeginn im Jahr 1939 war der damals 24-jährige Reder bereits SS-Obersturmführer. Der Krieg brachte den SS-Obersturmführer nach Frankreich und später an die Ostfront, wo Reder bei Kämpfen einen Arm verlor. Bis März 1944 war er in Jugoslawien, bis Mai 1944 in Ungarn stationiert. Danach wurde er an die italienische Front versetzt. Im März 1945 erlitt Walter Reder bei Kampfhandlungen einen Durchschuss des Knies und wurde in das Lazarett nach Bad Gleichenberg in der Steiermark und später nach Bad Aussee verlegt. Am 15. Mai 1945 wurde Reder – er galt bei den Alliierten als Kriegsverbrecher – in Salzburg unter Arrest gestellt. Am 13. Mai 1948 wurde er von den Briten nach Italien ausgeliefert und am Grenzübergang Tarvis dem italienischen Militär übergeben. Am 31. Oktober 1951 erkannte das Militärgericht in Bologna Walter Reder für schuldig und verurteilte ihn zu lebenslanger Haft.

Reder wurde in der Festung Gaeta bei Neapel interniert. Das offizielle Österreich betrachtete sich als „Schutzmacht" für den verurteilten Kriegsverbrecher. Innenpolitisch galt es, die Stimmen der „Ehemaligen" zu erhalten. Walter Reder war die ideale Person, um dieses Ziel zu erreichen. Anfang der 1960er-Jahre stellte das Bundesministerium für Auswärtige Angelegenheiten in Übereinstimmung mit den italienischen Behörden fest, dass Reder der Status eines Kriegsgefangenen im Sinne der Genfer Konvention zukommen sollte. Damit kam er zu zahlreichen Vergünstigungen in der Haft. Österreich übernahm darüber hinaus die Kosten für eine umfassende Rechtsbetreuung und stellte einen Beamten des Außenamtes ab, der sich um seine Betreuung kümmern sollte.

Über Jahrzehnte galt Reder als Kultfigur der rechten Szene in Österreich. Am 24. Jänner 1985 erreichte man die vorzeitige Entlassung des Kriegsverbrechers. Der herzliche Empfang in Österreich sorgte für internationale Schlagzeilen. Der damals amtierende Verteidigungsminister Friedhelm Frischenschlager (FPÖ) empfing Reder persönlich am Flughafen Thalerhof in Graz und reichte ihm die Hand. Die

Arbeiter Zeitung vom 26. Jänner 1985 schrieb: „Aufschrei der Empörung über den Frischenschlager-Empfang für Reder".[60]

XV. WIEN, JUNI 1986

41 Jahre nach dem Ende des Zweiten Weltkriegs überschattete 1986 die Waldheim-Affäre die politische Diskussion, den politischen Alltag. Österreich als „erstes Opfer" des Nationalsozialismus musste sich endlich seiner Vergangenheit stellen. Kurt Waldheim hatte in der jüdischen Gemeinde bereits 1973 für negative Schlagzeilen gesorgt, weil sich der damalige UN-Generalsekretär geweigert hatte, beim traditionellen Besuch der Gedenkstätte Yad-Vashem in Israel eine Kopfbedeckung aufzusetzen. 1986 kandidierte Kurt Waldheim für das Amt des österreichischen Bundespräsidenten. Die Kriegsvergangenheit des ehemaligen Angehörigen des SA-Reiterkorps und des NS-Studentenbundes wurde zu einem zentralen Thema der innenpolitischen Auseinandersetzung. Waldheim verschwieg in seiner Biografie, bereits im März 1942 nach Saloniki zur Heeresgruppe E der Deutschen Wehrmacht versetzt worden zu sein. Diese Einheit war maßgeblich an der Deportation der dortigen jüdischen Bevölkerung beteiligt. Die mangelnde Sensibilität im Umgang mit seiner militärischen Tätigkeit am Balkan wurde international heftig diskutiert. Er sei Soldat bei der Deutschen Wehrmacht gewesen, „wie hunderttausende Österreicher auch", die ihre „Pflicht erfüllt" hätten, so Waldheim. Dies war auch die Rechtfertigung Tausender ehemaliger österreichischer Wehrmachtssoldaten.[61] Im Juni 1986 wurde Waldheim schließlich zum Bundespräsidenten gewählt. Für die Familie Czurda war Waldheim ein „aufrechter Demokrat". Für Siegfried Loewe war die Diskussion innerhalb der Familie rund um Walter Reder, Kurt Waldheim und deren Rolle im Nationalsozialismus aufwühlend. Die mangelnde Distanz seiner Ehefrau zu diesem Regime führte

letztlich auch zum Bruch der Beziehung. Im Jahr 1986 wurde die Ehe geschieden.

Kurze Zeit später besuchte Siegfried Loewe das Konzentrationslager Auschwitz, wo seine Eltern ermordet worden waren. Es war eine emotional sehr schwierige Reise in die Vergangenheit seiner Familiengeschichte. Es sollte bei diesem einzigen Besuch des Konzentrationslagers bleiben. Gemeinsam mit seiner damaligen Lebensgefährtin und späteren Ehefrau Carole Faux unternahm Siegfried diese Reise, die zunächst nach Krakau, dann nach Wiśnicz, dem Geburtsort seiner Mutter, und schließlich in das KZ Auschwitz führte. Das Lager als solches erschien ihm wie ein Museum, in das Tausende Besucher mit Bussen hingebracht werden. Birkenau war für ihn emotional das Schlimmste. Die Baracken, die Schienen. Er hatte das Bild seiner Mutter im Kopf, die wenige Kilometer von Auschwitz entfernt geboren wurde und von dort weggezogen war. Ausgerechnet hierher wurde sie wieder zurückgeführt, um ermordet zu werden. Den Besuch erlebte er als irgendwie unwirklich. Das Grauen kam erst Tage später. In der Folge hatte er immer wieder Albträume, in denen die Schienen im Lager dominierten.[62] Jahre später las er den autobiografischen Roman von Philippe Grimbert, *Un Secret (Ein Geheimnis)*. Auch Grimberts Eltern wurden in der Gaskammer in Auschwitz ermordet. Eine Passage in diesem Buch hat Siegfried Loewe sich fett markiert, weil es ihn an den Besuch in Auschwitz erinnerte:

Zu wissen, dass sie gleich nach der Ankunft in Auschwitz ermordet worden waren, nahm zumindest die Last von mir. Dieses Datum setzte allen Mutmaßungen ein Ende. Ich mußte mir nicht mehr die Bilder eines jahrelangen Lagerlebens, ihres Leidensweges und ihrer Nächte vergegenwärtigen.[63]

Siegfried Loewe erkannte in diesem Buch, dass er nicht allein war mit seinem Schicksal.

Dieser nicht nur in Frankeich erfolgreiche Roman, der auch verfilmt wurde, hat mir vor Augen geführt, dass das Verschweigen der Geschichte, der Wirklichkeit nicht ein mir vorbehaltenes Schicksal ist. So wurde dem Erzähler Philippe (Grimbert) verschwiegen, dass er in eine jüdische Familie hineingeboren wurde, dass er einen älteren Bruder hatte, der allerdings mit seiner Mutter, der ersten Frau seines Vaters, deportiert wurde, verschwiegen wurde ihm auch die Namensänderung von Grinberg zu Grimbert. Allerdings wird er bereits mit 15 Jahren von einer befreundeten Nachbarin über sein Schicksal und das Lügenkonstrukt aufgeklärt. Anlässlich einer Begegnung mit dem Autor in Wien konnte ich nicht umhin, ihm zu sagen: „Ich glaube, Sie haben meine Geschichte niedergeschrieben", worauf er antwortete: „Wir haben alle unsere Geschichte."

Ich kann mich heute nicht mehr genau erinnern, wann ich mit meiner Frau Carole nach Auschwitz gefahren bin, aber es muss 1988 oder 1989 gewesen sein, weil es noch den monetären Zwangsumtausch gab, der erst 1990 nach der Wende abgeschafft wurde. An der Grenze musste man 36 Deutsche Mark pro Tag und Person eintauschen, man hielt dann mehr als 100.000 Zloty in der Hand, für die man aber kaum etwas erstehen konnte, vor allem war Superbenzin Mangelware, was ich zu spüren bekommen sollte. Unser Ziel war Krakau, wo wir mit Hilfe eines befreundeten polnisch-französischen Paares ein halbwegs ansprechendes Quartier fanden. Selbstverständlich stand zuerst das Städtchen Wiśnicz, der Geburtsort meiner Mutter, auf dem Programm. Was mich beim Rundgang durch den Ort sofort und intensiv erschütterte, war die geografische Nähe zwischen Krakau, Wiśnicz und Auschwitz. Vor Jahren Polen verlassen zu haben, um in der heimatlichen Gegend in den Tod geführt zu werden, das war einfach nicht zu begreifen und zu fassen. Ich konnte nicht umhin, mir immer wieder ihre Gedanken, Gefühle und Ängste vorzustellen. Der am folgenden Tag unternommene Besuch der KZ-Gedenkstätte hatte verschiedene Aspekte. Der uns zugewiesene Führer war weder im Deutschen noch im Französischen sehr sattelfest, aber doch bemüht, uns einen umfassenden Einblick zu geben. Merkwürdig war, dass mich das Stammlager relativ wenig berührte. Natürlich konnte ich die Schrecknisse und die Grausamkeiten nachvollziehen und es versteht sich von selbst, dass ich tief betroffen war, aber es haftete dem Rundgang etwas Museales, etwas Künstliches an, zu sehr war mir das Schild „Arbeit macht frei" „vertraut". Ganz anders die Situation in Birkenau, wo das Betreten der wenigen erhaltenen Baracken und der Anblick der berüchtigten Rampe, die ich ja von vielen Fotos schon kannte, unmittelbar auf mich einwirkten. Von hier aus waren also meine Eltern direkt in den Tod getrieben worden. Birkenau war für mich das profunde Schockerlebnis, das mich noch lange – im Grunde bis heute – verfolgen sollte. Noch lange nach unserer Rückkehr nach Wien plagten mich Albträume und es war nicht der deutsche Name Auschwitz, sondern der polnische Name Oświęcim, der mich im Schlaf verfolgte. Ich bin nur das eine Mal nach Auschwitz gefahren, mein Bruder Harry hat sich nie dazu entschließen können, genauso wenig wie meine in Israel lebende Schwester.

XVI. WIEN, SEPTEMBER 2021

Siegfried Loewe und ich trafen uns zu unserer traditionellen donnerstäglichen Zusammenkunft bei mir in der Wohnung. Er hatte eine aktuelle Ausgabe der belgischen Zeitschrift *L´Enfant Caché* vom September 2021 mit. Darin fanden wir eine Anzeige, in der Andrée Geulen zum 100. Geburtstag gratuliert wurde. Jener Frau, der Siegfried Loewe sein Leben zu verdanken hat. Ich schlug ihm vor, eine Grußkarte zu übermitteln und ihr persönlich zu gratulieren. Er stieg sofort auf den Vorschlag ein, bat um Papier, um einen Entwurf zu schreiben. Der Text wurde akribisch mehrmals gestrichen, verfeinert und geändert. Loewe schrieb spontan auf Französisch. Nach rund 20 Minuten war die Grußbotschaft fertig. Ich hatte mehrere Postkarten zur Auswahl, die Motive aus der Zeit seiner Kindheit zeigten, darunter eine Karte mit einem Mädchen, das fröhlich und stolz in die Kamera blickt.

Postkarte von Siegfried Loewe an Andrée Geulen

Siegried Loewe nahm sie und schrieb den Text in Reinschrift. Als er zur Unterschrift kam, zögerte er kurz, blickte mich an und fragte: „Soll ich als ‚Loewe' oder als ‚Grossmann' unterschreiben?", um sich schließlich selbst die Antwort zu geben: „Natürlich als Siegfried Grossmann!"

Très chère Andrée Geulen!
Un des enfants qui par vos soins a été caché et par la suite sauvé éprouve le besoin de vous rendre hommage à l'occasion de vos 100 ans. Avec mes meilleurs vœux et l'expression de ma profonde gratitude.
Siegfried Grossmann (enfant caché: Pierre Legros)

Hochverehrte Andrée Geulen!
Ein ehemaliges Kind, welches durch Ihr Bemühen und Ihr Engagement gerettet wurde, verspürt das Bedürfnis, Ihnen zu Ihrem 100. Geburtstag Ehre zu erweisen. Mit meinen allerbesten Wünschen und dem Ausdruck meiner tief empfundenen Dankbarkeit,
Siegfried Grossmann (Pierre Legros)

Wir waren beide sehr berührt und stießen zufrieden mit einem Glas Wein auf die Gesundheit von Andrée Geulen an.

Leider verstarb sie am 31. Mai 2022 im 101. Lebensjahr.

Siegfried Loewe mit seiner Frau Carole Faux, Linz, 2021
© *Rudolf Leo*

SCHLUSS

Siegfried Loewe und ich saßen im Februar 2022 bei mir in der Wiener Wohnung am Computer und bearbeiteten unsere letzten Korrekturen für das Buch. Er, der Musikexperte, hörte im Hintergrund „Internetmusik" und war sofort interessiert. Ich erklärte ihm den Musikanbieter „Tidal", sagte ihm, er solle mir irgendeinen Interpreten oder einen Titel nennen, der ihm spontan einfalle. Er überlegte nicht lange und nannte mir den Namen Jean Ferrat. Ein französischer Liedermacher, der mir bis dahin völlig fremd war. Ich suchte einige Lieder von Ferrat und spielte sie ihm vor. Siegfried Loewe begann sofort mitzusingen und mir die Texte dieses wunderbaren Liedermachers zu übersetzen. Musik, Stimme und Texte nahmen mich sofort in ihren Bann und ich begab mich auf die Suche nach den Spuren dieses Musikers. Eine kurze Recherche zeigte – wir waren wieder mitten in unserer Geschichte: Jean Ferrat (Geburtsname Tenenbaum) wurde am 26. Dezember 1930 in Vaucresson geboren und entstammte einer jüdischen Kaufmannsfamilie. Vater Mnacha Tenenbaum war bereits 1906 vor dem dort erstarkten Antisemitismus aus Russland emigriert. 1941, Jean Ferrat war damals elf Jahre alt, wurde sein Vater aus Frankreich deportiert und wie die Eltern von Siegfried Loewe im Konzentrationslager Auschwitz ermordet. Der junge Jean überlebte nur dank der Hilfe kommunistischer Widerstandskämpfer, die ihn versteckt hatten. Er interessierte sich früh für Musik und Theater und wurde im Laufe der Jahre ein bekannter französischer Liedermacher und Sänger. Ferrat komponierte zunächst Stücke, mit denen er Mitte der 1950er-Jahre im Cabaret La Colombe in Paris auftrat. Später entwickelte er sich zum engagierten Sänger, der Weggefährte der Kommunistischen Partei in Frankreich war, ohne jedoch Mitglied zu sein. Seine Lieder wurden aus politischen Gründen vom französischen Rundfunk jahrelang nicht gesendet, sie waren der Regierung zu kritisch. Im Herbst 2009 brachte die Veröffentlichung einer Best-of-Compilation den Sänger an die Spitze der Verkaufszahlen. Jean Ferrat starb am 13. März 2010 im Alter von 79 Jahren.[64]

ABKÜRZUNGSVERZEICHNIS

BPD – Bundespolizeidirektion
DÖW – Dokumentationsarchiv des österreichischen Widerstandes
FA – Finanzamt
IKG – Israelitische Kultusgemeinde
KP (KPÖ) – Kommunistische Partei Österreichs
n.s. – nationalsozialistisch
RK – Rückstellungskommission
SA – Sturmabteilung
sign. – signiert
SS – Schutzstaffel
WStLA – Wiener Stadt und Landesarchiv
ZRS – Zivilrechtssachen

ANMERKUNGEN

1 http://www.alemannia-judaica.de/saarbruecken_synagoge. htm #Zur%20Geschichte%20der%20j%C3%BCdischen%20Gemeinde

2 Die *Organisation Todt* war eine paramilitärische Bautruppe im nationalsozialistischen Deutschland, die den Namen ihres Führers Fritz Todt (1891–1942) trug. Die 1938 gegründete Organisation unterstand ab März 1940 diesem auch als Reichsminister für Bewaffnung und Munition. Sie wurde nach Beginn des Zweiten Weltkrieges vor allem für Baumaßnahmen in den von Deutschland besetzten Gebieten eingesetzt. Bekannt wurde sie durch den Ausbau des Westwalls und zahlreiche andere Projekte, die durch Zwangsarbeiter errichtet wurden.

3 Die Kauffrau Ernestine Loewe wurde im Alter von 64 Jahren, am 29. November 1940, von den Nationalsozialisten im Konzentrationslager Kaunas in Litauen ermordet.

4 Trauungs-Zeugnis 08.06.1930, Matrikelamt der Israelitischen Kultusgemeinde in Wien, Archiv Loewe

5 Eduard Klieber war ein österreichischer Maler (1803–1879).

6 Darstellung des Vermögensentzuges durch den „Ariseur" Rudolf Reisinger, Wien VI., Mariahilferstr. 33 vom 15.06.1948, Magistratisches Bezirksamt Wien 6./7., Archiv Loewe

7 Erhebungsbogen der IKG, Wien zu Alfred Loewe, undatiert, Archiv Loewe

8 Vgl. https://www.gedenkorte-europa.eu/content/list/141/ (geladen 16.07.2019)

9 Siehe Interview Siegfried Loewe, 15.10.2020

10 DÖW 20.000/L330, OF, Zeugenaussage Hautrive vom 29.06.1966 und DÖW 20.000/L331, OF, Schreiben der österreichischen Botschaft vom 20.07.1965 und Erhebungsbogen der IKG, Wien zu Hedwig Loewe, undatiert, Archiv Loewe

11 Erhebungsbogen der IKG, Wien zu Hedwig Loewe, undatiert, Archiv Loewe

12 Vgl. Christian Biermeier, Seminararbeit Universität Linz, Judenverfolgung in Belgien, 2019, S. 12

13 Vgl. Andrea Hurton, Verfolgung und Rettungswiderstand, Untergetauchte Wiener Juden und Jüdinnen in Belgien 1940–1945, In: Verfolgung und Ahndung, Jahrbuch des DÖW (Hg. v. Christine Schindler), Wien 2021, S. 211–237, hier S. 213

14 Vgl. Christian Biermeier, Seminararbeit Universität Linz, Judenverfolgung in Belgien, 2019, S. 12

15 Vgl. Paul Spiegel: Wieder zu Hause?, Ullstein, Berlin 2001, S. 48

16 Erhebungsbogen der IKG, Wien zu Alfred Loewe, undatiert, Archiv Loewe
17 Maria Mandl wurde nach Kriegsende verhaftet und im September 1946 nach Polen ausgeliefert, wo sie im Jahr darauf vom Höchsten Volkstribunal zum Tode durch den Strang verurteilt wurde. 1948 wurde sie in Polen hingerichtet. Vgl. Monika Müller: Die Oberaufseherin Maria Mandl. In: Simone Erpel (Hg.): Im Gefolge der SS: Aufseherinnen des Frauen-KZ Ravensbrück, Begleitband zur Ausstellung, S. 48–58, Metropol, Berlin 2007 (DÖW Bibliothek 7351)
18 Siehe 23. Transport, „Grossmann – Messinger Lotte, 26.03.03, stl. F, Hausfrau" (Kopie) In: MEMORIAL DE LA DEPORTATION DES JUIFS DE BELGIQUE, Serge Klarsfeld, Maxime Steinberg, Beate Klarsfeld Foundation, New York 1982
19 Siehe Kopie Schreiben vom Jüdischen Museum in Mechelen an Herrn Grossmann vom 09.05.2003, Archiv Loewe und Klarsfelds/Steinberg: MEMORIAL DE LA DEPORTATION DES JUIFS DE BELGIQUE
20 Siehe Kopie Amtsbescheinigung Ville de Bruxelles vom 20.11.1992 und Bestätigung der Stadt Brüssel vom 31.07.1947 über Chaim Grossmann, Archiv Loewe
21 Siehe Kopie Schreiben vom Jüdischen Museum in Mechelen an Herrn Grossmann vom 09.05.2003, Archiv Loewe und Klarsfelds/Steinberg: MEMORIAL DE LA DEPORTATION DES JUIFS DE BELGIQUE
22 Später Andrée Geulen-Herscovici, geb. 21. September 1921 in Brüssel
23 Siehe Interview Siegfried Loewe, 03.06.2020, vgl. auch https://www. yadvashem.org/de/righteous/stories/geulen-herscovici.html
24 Vgl. DIE ZEIT, 23.3.1990: Vier alte Frauen, belgische Widerstandskämpferinnen, erinnern sich an die dramatischsten Jahre ihres Lebens
25 Loic Dauvillier: Das versteckte Kind, Panini Comics, Stuttgart, 2013 (Vorwort)
26 Vgl. https://www.wienerzeitung.at/nachrichten/reflexionen/vermessungen/2113588-Das-Wunder-von-Le-Chambon-sur-Lignon.html
27 Paul Spiegel: Wieder zu Hause? Erinnerungen, Ullstein Berlin 2001, S. 67 ff
28 Friedrich Schiller trat in Allentsteig auch als „Bernhard Holm" in Erscheinung, wie es zu diesem Namen kam, ist unbekannt.
29 Gemeinderatsprotokoll vom 30.06.1945, Gemeinde Allentsteig
30 Gemeinderatsprotokoll vom 11.08.1945, Gemeinde Allentsteig
31 Als Kibbuz bezeichnet man eine ländliche Kollektivsiedlung in Israel mit gemeinsamem Eigentum und basisdemokratischen Strukturen.
32 Im Zuge der Weltwirtschaftskrise Anfang der 1930er-Jahre entstanden in Wien Stadtrandsiedlungen, die zum Teil der Selbstversorgung von Arbeitslosen und Ausgesteuerten dienten.
33 Siehe Interview Siegfried Loewe, 15.10.2020
34 Siehe vorläufige Aufenthaltserlaubnis für Siegfried Grossmann („staatenlos") der BPD Wien vom 15.09.1947

35 Auszug aus dem Schreiben von Harry Grossmann an Hedwig Loewe vom 17.08.1950, Archiv Loewe

36 Siehe Interview Siegfried Loewe, 11.03.2021

37 Siehe Beschluss zum Adoptionsvertrag vom 09.04.1948, Archiv Loewe

38 Auszug aus Vergleichsausfertigung, 63 RK 943/48, Rückstellungs-kommission beim Landesgericht für ZRS, Wien I., Reimergasse 7, Abt. 63, am 22.05.1950, Archiv Loewe

39 Loewe Siegfried, Aufsätze und Beiträge 1972–2007, S. 295, Archiv Loewe

40 Vgl. Homepage des Wiener Akademischen Gymnasiums, http://www.akg-wien.at/Schulprofil/geschichte.html

41 Der „Ordre des Arts et des Lettres" (Orden der Künste und der Literatur) ist ein französischer Orden, der am 2. Mai 1957 gestiftet wurde und vom französischen Kulturministerium verwaltet wird. Der Orden wird verliehen an „Personen, die sich durch ihr Schaffen im künstlerischen oder literarischen Bereich oder durch ihren Beitrag zur Ausstrahlung der Künste und der Literatur in Frankreich und in der Welt ausge-zeichnet haben".

42 Siehe Interview Siegfried Loewe, 12.11.2020

43 Gemeint ist dabei das Internierungslager Saint-Cyprien in Südfrankreich.

44 Schreiben Alfred Loewe vom 18. Februar 1949 an das Magistratische Bezirksamt Wien IV, Archiv Loewe

45 Austrittserklärung Magistrat der Stadt Wien, 14.10.1957, Archiv Loewe

46 Siehe Interview Siegfried Loewe, 13.06.2019

47 Im Zuge der Demonstrationen wurde Kirchweger am 31. März 1965 von dem vorbestraften rechtsextremistischen Studierenden Günther Kümel niedergeschlagen und starb zwei Tage später an seinen Verletzungen.

48 Loewe Siegfried, Aufsätze und Beiträge 1972–2007, S. 296 f, Archiv Loewe und https://geschichte.univie.ac.at/de/artikel/die-borodajke-wycz-affaere-1965

49 „Gottgläubig" war die Bezeichnung einer „Religionszugehörigkeit" in der Zeit des Nationalsozialismus.

50 https://romanistik.univie.ac.at/ueber-uns/institutsgeschichte/

51 Das Foto stammt aus dem Jahr 1941 und zeigt Rabuse gemeinsam mit französischen Schriftstellern der Kollaboration am Pariser Bahnhof, als sie von einer dreiwöchigen Propagandareise durch Deutschland zurückkehrten. (Siegfried Loewe, Aufsätze und Beiträge, S. 300)

52 Elise Richter (1865–1943). Als erste Frau Österreichs hat sich Elise Richter im Jahre 1905 an der Philosophischen Fakultät der Universität Wien habilitiert. Ihr umfangreiches sprachwissenschaftliches Werk fand inter-national große Beachtung, eine ordentliche Professur wurde ihr jedoch verwehrt. Als Jüdin 1938 von der Universität entlassen, wurde sie 1942 ge-meinsam mit ihrer Schwester Helene in das Konzentrationslager There-sienstadt deportiert. Dort sind beide nach kurzem Aufenthalt verstorben.

53 Georg Rabuse: Vom Deutschen Institut in Paris an das Institut für Romanische Philologie in Wien In: Loewe Siegfried, Aufsätze und Beiträge 1972–2007, S. 305, Archiv Loewe. Siehe auch Siegfried Loewe zu Georg Rabuse In: Robert Tanzmeister (Hg.): Zeichen des Widerspruchs, S. 135 ff

54 Archiv der Gedenkstätte Auschwitz-Birkenau, E-Mail Dr. Wojciech Plosa, Head of Archiv, 06.03.2020

55 Diplomarbeit, Danijela Ratkovic, Virtuelle Rekonstruktion der Synagogen in Gänserndorf und Bohumin, Technische Universität in Wien, 2017, S. 35ff
Architekt Jakob Modern (geboren 20. Juni 1838 in Preßburg; gestorben 9. September 1912 in Wien) erbaute die Synagogen in Gänserndorf, Wien-Währing und Raab/Györ (Ungarn).

56 Heiratsurkunde des Standesamtes Wien Währing Nr. 893/1967, Archiv Loewe

57 Stammblatt, Otto Czurda, WStLA, Gauakten, A1 – „Gauakten": Personalakten des Gaues Wien: 122436 (Otto Czurda)

58 Czurda, Gesuch um Befreiung von der Registrierungspflicht vom 20.10.1945, WStLA, M.Abt 119, A42-NS-Registrierung: 3. Bezirk/ Zahl 6656 (Otto Czurda)

59 WStLA, Gauakten, K1 – Kartei zu den „Gauakten": Otto Czurda, geb. 4.6.1915

60 Vgl. Christian Ortner: Am Beispiel Walter Reder, Die SS-Verbrechen in Marzabotto und ihre „Bewältigung", Dokumentationsarchiv des österreichischen Widerstandes (Hg.), Wien 1985

61 Vgl. http://www.demokratiezentrum.org/wissen/wissensstationen/waldheim-debatte.html

62 Siehe Interview Siegfried Loewe, 03.10.2019

63 Philippe Grimbert: Ein Geheimnis, S. 138

64 Vgl. https://www.chantefrance.com/artist/1248-jean-ferrat/biographie

QUELLENVERZEICHNIS

Archive

Bundesarchiv Berlin
Dokumentationsarchiv des österreichischen Widerstandes
Gemeinde Allentsteig, Gemeinderatsprotokolle vom 30. Juni 1945 und
11. August 1945 (Dank geht an den ehemaligen Amtsleiter Anton Kraus)
Israelitische Kultusgemeine Wien, Archiv
Joods Museum van Deportatie en verzet Mechelen (Jüdisches Museum für
Deportation und Widerstand Mechelen)
Privatarchiv Siegfried Loewe
KZ-Gedenkstätte Auschwitz, Archiv
Nationalarchiv Warschau
Österreichisches Staatsarchiv/Archiv der Republik
Wiener Stadt- und Landesarchiv
Yad-Vashem-Archiv
Zentrale österreichische Forschungsstelle Nachkriegsjustiz

Literatur

Biermeier Christian: Seminararbeit Universität Linz, Judenverfolgung in
    Belgien, 2019
Dauvillier Loic: Das versteckte Kind, Panini Comics, Stuttgart, 2013
Grimbert Philippe: Ein Geheimnis, Suhrkamp, 2006
Heim Susanne (Hg.): Die Verfolgung und Ermordung der europäischen
    Juden durch das nationalsozialistische Deutschland 1933–1945, 6.
    Deutsches Reich und Protektorat Oktober 1941–März 1943, Walter de
    Gruyter, Oldenburg 2019
Hurton Andrea: Verfolgung und Rettungswiderstand, Untergetauchte
    Wiener Juden und Jüdinnen in Belgien 1940–1945, In: Verfolgung und
    Ahndung, Jahrbuch des DÖW (Hg. v. Christine Schindler), Wien 2021
    S. 211–237
Klarsfelds/Steinberg: MEMORIAL DE LA DEPORTATION DES JUIFS
    DE BELGIQUE, Serge Klarsfeld, Maxime Steinberg, Beate Klarsfeld
    Foundation, New York 1982
Loewe Siegfried, Aufsätze und Beiträge 1972–2007, erstellt von Dagmar
    Köstner, Wien 2007 (gebunden), Archiv Loewe
Müller Monika: Die Oberaufseherin Maria Mandl. In: Simone Erpel (Hg.): Im
    Gefolge der SS: Aufseherinnen des Frauen-KZ Ravensbrück, Begleitband
    zur Ausstellung, S. 48–58, Metropol, Berlin 2007 (DÖW Bibliothek 7351)

Ortner Christian: Am Beispiel Walter Reder, Die SS-Verbrechen in Marzabotto und ihre „Bewältigung", Dokumentationsarchiv des österreichischen Widerstandes (Hg.), Wien 1985

Pawlowsky Verena, Wendelin Harald: Arisierte Wirtschaft – Raub und Rückgabe Österreich von 1938 bis heute. Mandelbaum Verlag, Wien 2005

Ratkovic Danijela: Virtuelle Rekonstruktion der Synagogen in Gänserndorf und Bohumin, Diplomarbeit an der Technischen Universität in Wien, 2017

Spiegel Paul: Wieder zu Hause?, Ullstein, Berlin 2001

Wolffsohn Michael; Brechenmacher Thomas: Deutschland, jüdisch Heimatland, Die Geschichte der deutschen Juden vom Kaiserreich bis heute, Piper 2008

Tanzmeister Robert (Hg.): Zeichen des Widerspruchs, Kritische Beiträge zur Geschichte des Wiener Instituts für Romanistik, S-Labor 2002

Verfolgung und Ahndung, Jahrbuch des DÖW (Hg. v. Christine Schindler), Wien 2021

Yada-Mc Neal Stephan D.: Der Tod kam in Weiß, Hitlers mörderische Ärzte, Lernen aus der Geschichte 4, BoD – Books on Demand, Norderstedt, undatiert

Internetquellen

http://www.alemannia-judaica.de/saarbruecken_synagoge.htm#Zur%20Geschichte%20der%20j%C3%BCdischen%20Gemeinde
(geladen 16.07.2019)

https://www.gedenkorte-europa.eu/content/list/141/
(geladen 16.07.2019)

https://www.geni.com/people/Ernestine-Loewe-Schiller/6000000017615790775
(geladen 26.01.2021)

http://www.open-memory.info/content/ueberfall-belgien/ruland_belgien_zeitgeschichte_und_erinnerung.pdf
(geladen 26.01.2021)

https://ausstellung.de.doew.at/b130.html
(geladen 26.01.2021)

http://www.demokratiezentrum.org/wissen/wissensstationen/waldheim-debatte.html
(geladen 01.05.2021)

https://www.welt.de/geschichte/zweiter-weltkrieg/article128899727/Fuehrte-eine-Verwechslung-zur-Vernichtung-Oradours.html
(geladen 23.07.2021)

http://www.akg-wien.at/Schulprofil/geschichte.html
(geladen 26.07.2021)

https://romanistik.univie.ac.at/ueber-uns/institutsgeschichte/
(geladen 28.07.2021)

https://www.wienerzeitung.at/nachrichten/reflexionen/vermessungen/
2113588-Das-Wunder-von-Le-Chambon-sur-Lignon.html
(geladen 27.08.2021)

https://www.yadvashem.org/de/righteous/stories/geulen-herscovici.html
(geladen 07.09.2021)

https://www.yadvashem.org/de/holocaust/about/final-solution/ausch-
witz.html
(geladen 20.12.2021)

http://auschwitz.org/gfx/auschwitz/userfiles/auschwitz/historia_teraz-
niejszosc/auschwitz_historia_i_terazniejszosc_wer_niemiecka_2010.pdf
(geladen 20.12.2021)

https://www.chantefrance.com/artist/1248-jean-ferrat/biographie
(geladen 21.01.2022)

Privatarchiv Siegfried Loewe

Melderegister Saarbrücken vom April 2019, Archiv Loewe
Trauungs-Zeugnis 08.06.1930, Matrikelamt der Israelitischen Kultusge-
meinde in Wien, Archiv Loewe
Zeugnisse des Polizeipräsidenten in Wien, 05.09.1938 zur beabsichtigten
Reise nach Australien, Archiv Loewe
Steuerliche Unbedenklichkeitsbescheinigung, Finanzamt Josefstadt-Hernals
für die Loewes vom 02.06.1939, Archiv Loewe
Darstellung des Vermögensentzuges durch den „Ariseur" Rudolf Reisinger,
Wien VI., Mariahilferstr. 33 vom 15.06.1948, Magistratisches Bezirks-
amt Wien 6./7., Archiv Loewe
Schreiben vom Jüdischen Museum in Mechelen an Herrn Grossmann vom
09.05.2003, Archiv Loewe
Amtsbescheinigung Ville de Bruxelles vom 20.11.1992 und Bestätigung der
Stadt Brüssel vom 31.07.1947 über Chaim Grossmann, Archiv Loewe
Alphabetische Liste der versteckten Kinder (liste alphabetique des entfants
chaches et de leurs logeurs), 14.04.2004, Archiv Loewe
Vorläufige Aufenthaltserlaubnis für Siegfried Grossmann („staatenlos")
der BPD Wien vom 15.09.1947, Archiv Loewe
Beschluss zum Adoptionsvertrag vom 09.04.1948, Archiv Loewe
Auszug aus Vergleichsausfertigung, 63 RK 943/48, Rückstellungskommis-

sion beim Landesgericht für ZRS, Wien I., Riemergasse 7, Abt. 63, am
22.05.1950, Archiv Loewe
Austrittserklärung Magistrat der Stadt Wien, 14.10.1957, Archiv Loewe
Heiratsurkunde des Standesamtes Wien Währing Nr. 893/1967, Archiv
Loewe
Zeugnis der BPD Wien vom 05.09.1938, Archiv Loewe
Steuerliche Unbedenklichkeitsbescheinigung des FA Josefstadt-Hernals
vom 02.06.1939, Archiv Loewe
Erhebungsbogen der IKG, Wien zu Alfred Loewe, undatiert, Archiv Loewe

Dank für Unterstützung geht an:

Mag.[a] Ilse Anna Böhm | Monique Dabé | Mag. [a] Carole Faux-Loewe | Dr. Winfried Garscha | Margot Ham-Rubisch | Tun Jacoby | DI Doris Kerbler | Michael Kerbler | Mag.[a] Dr.[in] Claudia Kuretsidis-Haider | Hon.-Prof. Dr. Dr. hc Rudolf Müller | Mag. Siegfried Sanwald | Mag. Gerald Schmickl | Maria Zucker

Die Forschungsarbeit des Autors wurde unterstützt von: Nationalfonds der Republik Österreich für Opfer des Nationalsozialismus | Zentrale österreichische Forschungsstelle Nachkriegsjustiz | MemoShoah Luxemburg | Zukunftsfonds der Republik Österreich

BRUCK UNTERM HAKENKREUZ

Bruck an der Glocknerstraße 1930–1945

Rudolf Leo

Bruck unterm Hakenkreuz

Bruck an der Großglocknerstraße 1930 bis 1945

OTTO MÜLLER VERLAG

144 Seiten
geb. mit SU,
€ 23,–
ISBN
978-3-7013-1226-9

Durch seine geografische Lage nimmt die Salzburger Gemeinde Bruck an der Großglocknerstraße von 1938 bis 1945 eine besondere Stellung ein: In Bruck entsteht ein Außenlager des Konzentrationslagers Dachau; die Errichtung eines Wasserkraftwerks bringt Zwangsarbeiter und der Bau der Großglocknerstraße tausende Arbeitslose in die Region. Rudolf Leo hat Opferbiografien recherchiert, Akten gesichtet und Dokumente über das Schicksal Ermordeter in diesem Buch zusammengetragen.

DER PINZGAU
UNTERM HAKENKREUZ

Diktatur in der Provinz

Rudolf Leo

Der Pinzgau unterm Hakenkreuz

Diktatur in der Provinz

OTTO MÜLLER VERLAG

256 Seiten
geb. mit SU,
€ 23,–
(E-Book: € 18,99)
ISBN
978-3-7013-1209-2

1931 – sieben Jahre vor dem „Anschluss" – finden in Salzburg Gemeinderatswahlen statt, die aufzeigen, wie früh die „Hitlerbewegung" im Pinzgau massive Erfolge verzeichnen konnte: rund 30 % votieren für die National-sozialisten. Dieses Buch widmet sich nun den Opfern des Widerstands in der Region – ob Sozialdemokraten, Kommu-nisten, Christlich-Soziale, Kritiker, Deserteure, Priester, Roma und Sinti, Juden oder Zwangsarbeiter – und setzt sich dabei auch mit dem politischen Alltag auseinander.

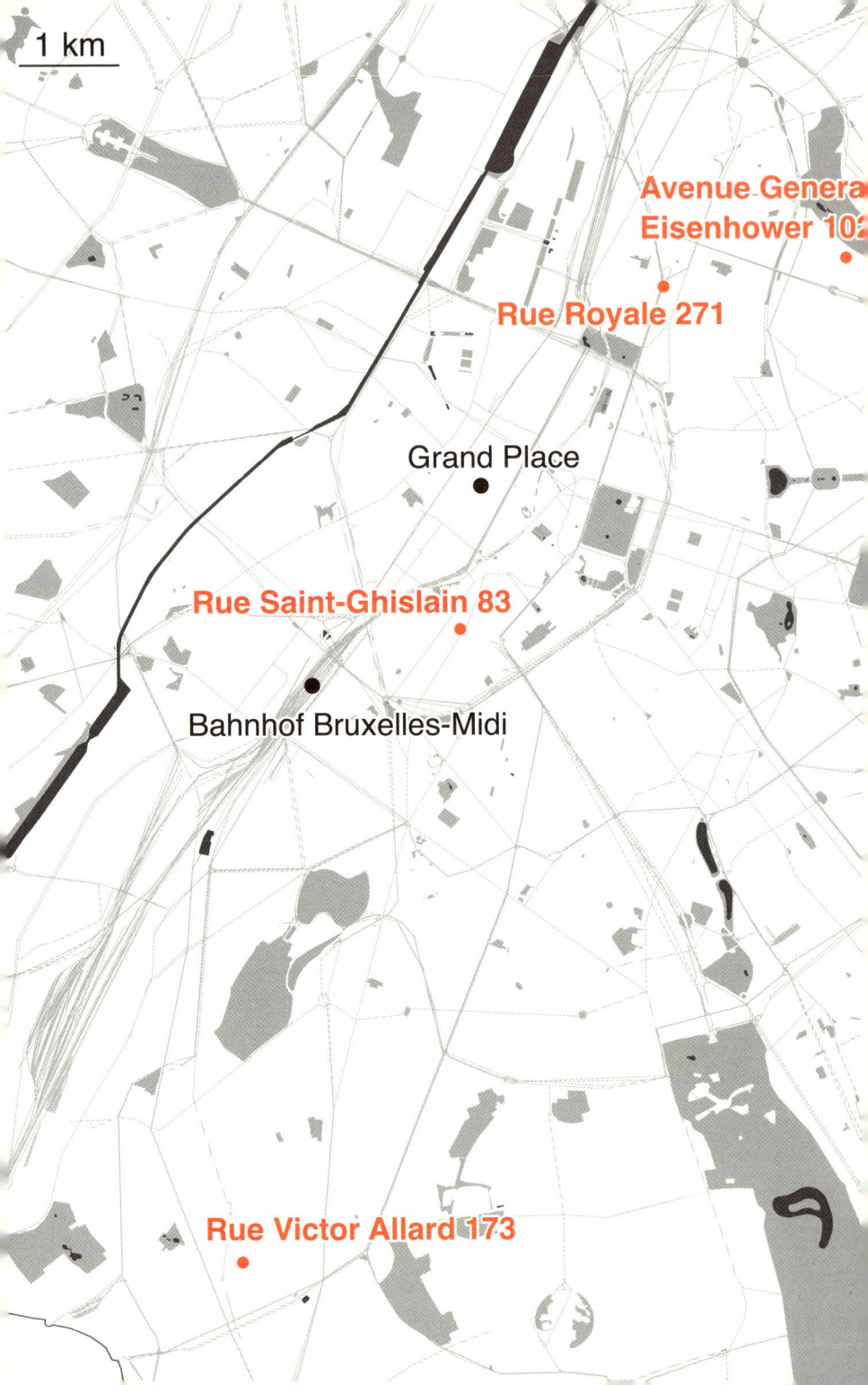

1 km

Avenue Genera
Eisenhower 102

Rue Royale 271

Grand Place

Rue Saint-Ghislain 83

Bahnhof Bruxelles-Midi

Rue Victor Allard 173